Mireille Dumas
Yann Queffélec

Passions Criminelles

Cette édition de *Passions criminelles*
est publiée par Succès du Livre Éditions
avec l'aimable autorisation des Éditions Fayard

ISBN 13 : 9782738223333

Je t'aime, je te tue...

A toi lectrice.
A toi lecteur.

Tu me quittes, je te tue...

A quoi peut mener le refus panique de l'abandon... Il y aurait chez l'individu, si profond soit-il, un point de rupture psychique au-delà duquel, ne se connaissant plus, *je* devient un autre aux réactions aléatoires. On parle d'une scène primitive, gravée dans l'inconscient en traits ineffaçables, impossible à revivre sans y laisser la raison.

Impardonnable, le crime de sang encourt au tribunal les plus lourdes sentences. Fut d'ailleurs une époque récente où le talion continuait d'inspirer les cours d'assises. Œil pour œil, etc. Rien n'autorise quiconque à donner la mort, à soi comme à l'autre. Si la peine capitale est abolie depuis 1981, tuer un homme n'en reste pas moins le forfait mythique entre tous, premier ressort de la tragédie.

A la longue un aspect sentimental est apparu, nécessaire pour bien juger : l'amour fou, seule émotion de nature à concentrer les sentiments à la pointe aiguë d'une seconde hors du temps... Qui est à l'abri ?

La clémence est de règle au moment d'évaluer une faute passionnelle – pourvu qu'elle soit établie. Mais combien mystérieux, insaisissable dans son élan sans retour le geste meurtrier : intentionnel ou non, maléfique ou pathétique, exceptionnellement réductible à ces tares qui profilent à coup sûr le dépravé, le psychopathe, l'inhumain. Rien à voir avec nous. Non, rien du tout.

Ces trois histoires vraies, librement inspirées des films tournés par Mireille Dumas ces dernières années – elle en a tourné bien d'autres, récompensés aux festivals de Cannes ou Venise, elle a passé deux ans à l'écoute de ces gens *condamnés pour meurtre* –, sont fidèles aux faits-divers d'origine, infidèles à leur calendrier, maquillées quant aux états civils des intéressés. Résolus à brouiller les limites entre réel et fiction pour garantir leur anonymat, nous avons parfois donné carte blanche à l'imaginaire, au plus près du ton général. Manquait-il une pièce au puzzle, nous l'avons inventée.

L'*authenticité*, notre but à Mireille Dumas et à moi-même, veut sous-tendre ici la beauté des mots, inséparable d'une histoire évoquée par ceux qui l'ont vécue, mus par le besoin de formuler l'indicible et d'avouer pour la première fois : *ce n'était pas un accident, j'ai tué...* Des meurtriers, oui – des gens comme tout le monde et des meurtriers. Pourquoi les pensions-nous différents du commun des mortels ? Pourquoi les comprenons-nous si bien ? Comment s'imaginer dans un tel pétrin ?

Ce qu'il a fait, l'aurais-je fait à sa place ?

Pourrais-je donner la mort ?

Passions criminelles

Roman, témoignage ou récit, comme il vous plaira, peu importe le nom du livre que vous avez sous les yeux. Dans l'angle mouvant des étiquettes, l'écriture nous chuchote à l'oreille une invitation à vivre, à espérer.

Mireille Dumas
Yann Queffélec

1.

Rennes, prison des femmes, janvier, premier jour.

On est au réfectoire, un après-midi. Les détenues font honneur à Mireille Dumas venue leur rendre visite. Un goûter-cocktail est servi : sodas, limonades, biscuits, longue table ornée de fleurs de papier crépon sur une nappe rose fabriquée maison.

Elles sont habillées par la pitié publique, chaussées d'invendus tolérés par l'Administration.

Elles sont bien là, toutes ces femmes que les psychiatres et les juges ont questionnées des mois durant pour obtenir des aveux, toutes celles que les gardiens épient jour et nuit dans leur vase clos.

Toutes celles que nous prenons pour des légendes ou des faits-divers, eh bien elles sont humaines, elles sourient, chuchotent, regardent. Elles ont nom, visage, famille et casier judiciaire. Et parfois elles n'ont plus rien, rien que leur casier judiciaire... et leurs souvenirs.

– Voilà, commence Mireille, si l'une d'entre vous désire me parler... Je viendrai chaque matin pendant quelque temps.

Elle remarque assise à l'écart une jeune femme à l'air doux, cheveux châtain clair. Leurs regards se croisent un instant.

– Rendez-vous demain à partir de neuf heures. Je suis à votre disposition.

Le lendemain la jeune femme est là, souriante et douce – les traits réguliers d'une madone entre deux rêves. Elle s'assied en face de Mireille, la regarde et regarde ailleurs, sourcils froncés, comme alertée par une voix qu'elle seule entend.

– Je m'appelle Rosyne, excusez-moi... Je peux vous dire que je n'ai pas dormi, cette nuit. Qu'est-ce que j'ai à raconter, moi, à part ma vie…

2.

Deuxième jour.

Je suis là pour...

Je suis là pour seize ans de réclusion criminelle... Déjà quatre ans. Au tribunal, ils sont arrivés à la conclusion que le geste était voulu, pour eux c'est une preuve d'assassinat. Avec le meurtre ils sont plus indulgents, ça part d'une bonne intention qui tourne mal. N'importe qui peut se laisser aveugler par une bonne intention, n'être plus qu'un jouet à la dérive.

L'homme que j'aimais, Arman, je l'aime toujours. Je ne savais pas qu'on pouvait aimer autant quelqu'un. Il me disait la même chose à moi. On était tout l'un pour l'autre. On pouvait sourire au monde entier sans peur. C'est resté dans mon oreille, les mots d'Arman, ces petits bouts de quelque chose encore vivant. Il a reçu deux balles en plein cœur. C'est la deuxième qui l'a tué.

En plein cœur, je ne sais pas. J'ai vu ses yeux, ses mains, son cœur, je ne sais pas. Ça a tiré.

Ils ont retrouvé le fusil dans mes mains, c'est ça que je ne m'explique pas. Comment j'aurais pu tirer sur un être humain, moi, sur l'homme que j'aimais à ne plus savoir ce qui m'arrivait.

Pourquoi je dirais autre chose ?

Je dis non parce que c'est vrai dans mon esprit. Mes enfants aussi, les yeux dans les yeux, je leur ai dit que je m'en souviendrais si j'avais pressé la détente. Tirer sur Arman, vous parlez d'un cauchemar.

Quelqu'un qui n'est pas moi l'a tué. Il n'y avait personne à part nous deux, non. Il faisait tellement nuit.

Mes enfants sont les seules qui m'aient crue. Elles m'ont dit : maman, tu es vivante, on est heureuses, toi aussi tu aurais pu partir avec lui.

Ce n'est pas faute d'avoir essayé.

Viviane et Morgane, dix-huit ans et sept ans, moi j'en ai trente-quatre. Si j'étais partie, Viviane aurait eu quatorze ans au moment des faits, le même âge que moi quand j'ai perdu maman. Ça fait basculer une vie, la mère qui s'en va. C'est loin, c'est là. De plus en plus loin, toujours là. Un enfant qui n'a plus sa mère, c'est l'enfant de rien du tout, la vie peut lui jouer les tours qu'elle veut.

Je suis née à Lisor, un village au nord de Salignac, quelques maisons au bord d'une ancienne autoroute. Nous autres, on disait le bled : bled pour ce qui est d'aller en ville où il y a les marchés, les bonnes affaires de la Solderia, un hangar au milieu des champs.

Le dimanche, avec ma mère, on est à la Solderia, et même les sous-vêtements à prix sacrifiés, les tee-shirts pour une bouchée de pain, on a du mal à trouver les sous pour les acheter. C'est un caissier noir au bout des linéaires, le vieux Fred. Ma mère dit toujours : le caissier noir, en soupirant. Comme si les prix, du fait qu'il est noir, pouvaient tomber à zéro.

Ce n'est pas une prostituée, ma mère, elle a son BTS de marketing. Elle met des mini-jupes parce que ça lui va bien. Elle est blonde, elle a du sang polonais, les yeux bleus. Le vieux Fred en bave d'admiration. Quand on repart, il nous fait goûter les vins du pays du Rhône ou du Languedoc. Les barriques sont debout au fond du hangar, mais les tuyaux arrivent à la caisse. Un jour, à ma mère, il lui demande son nom. C'est joli, Cathy. Et il la laisse trouver son bonheur dans le bac à sous-vêtements. Il met avec des gestes soigneux le soutien-gorge vert dans un sachet.

Dans la Skoda, ma mère me dit : si ton père voit ça on est mal. Le dimanche, il est de garde aux pompiers bénévoles, il fait les accidents, les suicides, on ne sait jamais quand il rentre. Le soutien-gorge vert, il faut l'oublier. Ma mère l'essaye juste une fois pour me faire plaisir. Ensuite elle essuie le pare-brise avec et le met dans la boîte aux lettres en arrivant au village.

Elle aime rire, et moi aussi.

Mes parents avaient une pizzeria sur la place de Lisor, Le Terminus, avec une terrasse l'été. Il a fallu fermer, trop d'histoires.

Ma grand-mère habitait la ferme un peu plus loin, vers les Grands Bois. Quand j'en avais assez d'être à la maison, j'allais m'installer chez elle, un jour, deux jours, on me cherchait. Mes oncles et tantes sont morts ou on ne les voit plus, disparus d'une manière ou d'une autre. C'est mystérieux, gênant. Encore aujourd'hui j'ignore ce qui s'est passé dans cette famille avant moi. Ma mère n'en sait pas davantage.

Dès que je sais lire, j'ouvre les valises et les sacs sous le lit, sur l'armoire, mais il n'y a rien, rien qui m'intéresse ou me renseignerait sur ma famille.

J'ai six ans.

A six ans je suis l'animal de la maison. Je vadrouille, je grimpe aux arbres, je sors le cochon Bébé, je mange seule à la cuisine avec les chats. Je suis comme un chat... La télé dans ma chambre est allumée toute la nuit. Quand j'entends ma mère pousser des cris, je monte le son au maximum. Mon père vient me flanquer des torgnoles.

Maman crie, je crie. Et après mon père est là, froid, insultant, des injures, des raclées.

Une nuit j'entends les cris mais c'est la télé, je comprends tout. Je vomis mon lait grenadine, je vais réveiller ma mère et je dors entre mes parents. Après cette nuit-là je suis devenue insomniaque et je n'ai plus voulu dormir au lit. J'allais n'importe où dans la maison, dehors, j'allais regarder mes parents dormir, j'allais voir le cochon. Je n'ai jamais eu peur de l'obscurité ni du cochon, c'est même la nuit que la vie me semble la moins menaçante. Au lit, j'ai peur de tout.

Non, mon père s'est toujours bien comporté avec moi. Il n'aurait pas eu intérêt, je l'aurais tué, même à six ans. Moi et ma mère on l'aurait tué. La première fois qu'il m'a regardée c'est aux obsèques de maman. Il a compris, en voyant mon regard dans ses yeux, il a su que je le haïssais autant que ma mère le haïssait. Et que je prenais le relais de la haine à la maison.

Chez nous jamais bonjour, bonsoir, jamais merci. Tout reste muet, distant, suspect. C'est une famille en pierre, pétrifiée dans son orgueil. On ne se parle pas, on en veut aux autres, on ne veut pas qu'ils soient mieux que nous à aucun moment, qu'ils brillent ou lancent un trait d'esprit, que mon père en soit ulcéré. A la maison, n'importe qui mérite qu'on le tourne en dérision. Mon père est le seul, le seul, et dès qu'il n'est plus le seul il devient fou. Dès que ma mère fait mine d'oublier cette promesse entre eux, dès qu'elle a vu quelqu'un au-dehors ou qu'elle se moque avec bonne humeur de moi, de lui, d'elle même, dès qu'elle est joyeuse il s'assombrit. Au temps du restaurant elle servait en salle et devait garder son sérieux, éviter le regard des clients.

Combien d'animaux chez nous ? Je dirais une vingtaine, entre ceux qui vivaient à la maison, les chiens, les trois chats, le hamster, les souris blanches, et ceux qui vivaient en plein air, Bébé, les oies, les poules, les canards, le coq...

Moi je suis du côté des animaux, mes amis quand je rentre de l'école. Maman est l'animal de papa, je suis l'animal de maman. Elle m'emmène partout, elle s'occupe de moi, me donne à manger ce qu'elle trouve quand il y a quelque chose à manger, beaucoup de lait, des fruits, j'ai tout le temps faim. Lorsque que je suis invitée quelque part et qu'on m'a fait la bise, j'ai faim. Maman dit : quel estomac sur pattes ! tu viens de goûter. Elle a autant faim que moi. Tant qu'on ne m'apporte pas à manger je suis invivable, je refuse de parler.

Ce que je préfère à tous les gâteaux et sucreries, c'est le saucisson sec. Le plus beau cadeau qu'on pourrait me faire, quand j'ai cinq ou six ans, c'est un saucisson sec entier, rien que pour moi. Le fromage aussi, j'aime bien. Qu'est ce que je ne ferais pas pour un bout de fromage ou de saucisson. Chez nous la nourriture est enfermée dans un frigo, mon père a la clé autour du cou.

Le dimanche, avec maman, on fait la tournée des cousins. On ne prévient pas, on débarque au moment des repas, du dessert. On dit qu'on a déjà mangé, qu'on n'a plus faim, et puis on mange avec eux, on boit du vin et maman soupire : quel estomac sur pattes, j'ai honte, on se croirait au Biafra ! On rentre au crépuscule, on a peur de papa. On prie pour qu'il ait du retard, pour qu'un accident l'ait retenu sur la route. On prie pour qu'il ait eu un accident, on met la radio... C'est souvent qu'ils se battent le dimanche soir. Les chaises, les tabourets, les cendriers, ça vole de partout. Parfois ils se réconcilient, parfois non, ils se promettent le tribunal. Ce qui rend malade mon père, c'est que maman le traite d'impuissant, comme si la chose allait de soi. Il y a des fois où ça le fait pleurer. Il a l'air à bout de force et j'aimerais le prendre dans mes bras. Laisse-le, dit ma mère, c'est un bon à rien. Un jour j'ai compris ces mots qu'elle lui disait en ayant l'air de beaucoup s'amuser, faisant ce qu'il ne faut jamais faire avec un homme : rire de lui, de l'homme qu'il est, de son apparence d'homme.

Parfois on dort dans la voiture toute la nuit, on n'ose plus rentrer après nos virées chez les cousins.

Ça n'a jamais choqué mes parents que je boive de la bière à table. Les nuits où je n'avais pas sommeil, mon père mélangeait le lait grenadine avec du rhum ou du sirop Toplexil. Je trouvais qu'il s'occupait bien de moi, qu'il faisait les meilleurs biberons. J'oubliais qu'il ne me regardait jamais dans les yeux et que son regard, tout cet océan du regard de mon père était pour maman, pour elle seule.

Maman trouvait des mots dans mon cahier comme quoi j'avais en classe une attitude étrange, j'étais ailleurs, nulle part, et quand on me posait des questions il était clair que je dormais. N'importe qui aurait pu abuser de moi. C'était toujours une histoire de sommeil en classe et d'assistante sociale que l'école avait prévenue.

Qu'elle se pointe et je lâche le chien, disait papa, ou Bébé.

Il y a aussi que j'avais toujours le nez au vent, soit dans les champs, le maïs, le tabac, soit dans les bouquins. Les histoires, qu'est ce que j'aimais ça... M'évader quand il commençait à faire nuit dans les histoires, et quand une petite fille se plaignait d'avoir peur au milieu des bois sous les yeux des chouettes. Elle se plaignait à qui ? Ne pleure pas, je lui disais, j'arrive. Il ne peut rien t'arriver, je suis là, nous sommes toutes les deux.

J'ai eu peur une seule fois dans toute ma vie. Après je n'ai plus arrêté d'avoir peur, seconde après seconde, le jour et la nuit, mon cœur tendu. Pourquoi je n'en parlerais pas ? Si maman n'était pas... Si maman vivait toujours, eh bien je serais une autre, la vie serait arrivée différemment, j'aurais fini mes études, passé le bac. Encore aujourd'hui j'aimerais bien passer le bac et travailler chez le vétérinaire de Salignac.

Un soir qu'on faisait manger Bébé dans le champ, ma mère a posé ma main sur son ventre, j'ai bien senti qu'elle attendait un enfant. Elle avait gardé la ligne, on se demandait où l'enfant pouvait loger, se développer derrière ce minuscule nombril d'adolescente.

Elle ne tient dans rien du tout, maman, elle est maigre, d'une élégance de misère ou d'exil, toujours vêtue des vieux roses démodés, des vieux pastels de la Solderia, ainsi faite que chaque chose qui la touche est aussitôt contaminée par sa beauté.

Elle était enceinte, elle tremblait. Quand ton père apprendra ça, il me tuera.

Ce n'était pas moi qu'elle regardait en disant ces mots, c'était la brave Bébé, l'énorme Bébé qui mastiquait les carapaces de langoustes indiennes en promotion chaque mois à l'Ecomarché, dans leur petit pain de glace.

– Je ne te conseille pas d'y toucher, si jamais il compte sur toi pour s'en débarrasser.

Quelques jours après, les jumelles sont nées, Océane et Blandine. Papa a promis qu'il les mangerait dès qu'elles seraient un peu plus grasses.

Mon père n'avait pas sa place à la maison, il aurait dû rester fermier. Il annonçait toujours qu'il partirait loin, qu'il était fait pour être pionnier sous les tropiques et s'enrichir à la manière allemande, se la couler douce, avec de gros bras tatoués. Ah, s'il n'avait pas rencontré ma mère dans ce train qui revenait de Hambourg. Une femme seule dans un train lorsqu'on est bidasse. Il a toujours menti.

Mon père s'est toujours arrangé pour faire un mystère de son histoire avec maman. Pour que tout ait l'air pire que ça n'était vraiment.

Mon père ne pouvait pas s'éloigner d'où il était né, paresseux qu'il était, toujours à courir les bals de village et les filles dans les bals, à vendre ses terrains fermiers pour s'acheter des voitures décapotables, toujours dans les dettes et les plans revolving à la con.

Il a passé un diplôme de jardinier, mais il disait les Eaux et Forêts, il s'est fait embaucher par la mairie, il racontait que le député-maire de Salignac allait l'engager incessamment comme secrétaire, homme de confiance. Il était jardinier municipal et le dimanche pompier bénévole. Quand on s'intéressait à lui, son métier, il répondait seulement pompier, ou major de brigade. Il parlait de l'assistance aux blessés graves et des trachéotomies qu'il devait pratiquer lui-même sans attendre l'hélico. Des fractures qu'il réduisait personnellement, de toutes ces femmes qu'il avait accouchées au milieu des cris.

Mon père ne supportait pas de laisser seule ma mère, à la baraque ou ailleurs, il craignait toujours qu'elle se sauve, qu'elle s'échappe à travers les feuilles de tabac, les feuilles de maïs, le dédale des bois autour de la campagne, l'enchaînement inextricable de la nature et des discothèques installées dans les granges au bord de la Dordogne au nord, tout ce flou qui penchait vers la zone frontalière avec l'Allemagne, avec la nostalgie polonaise au bout des rails et Dantzig, la ville natale de maman.

J'ai les yeux bleus, disait maman, bleus comme l'eau de vie de Dantzig.

C'est vrai qu'ils étaient bleus, mais comme le vague à l'âme.

Mon père s'imaginait qu'on allait disparaître. Il arriverait un soir, on serait parties. Il n'aurait plus aucune nouvelle. Il resterait seul avec les oies, les porcs, l'horizon pourri du bled, cet horizon dont il n'avait jamais pu se dépêtrer. Il lui arrivait de pleurer, gémir, supplier maman. Je te retrouverai où que tu ailles, va dans la lune j'y serai avant toi.

Il l'aimait beaucoup, disait-il à maman, beaucoup trop, elle avait pris tout l'amour qu'il pouvait donner et ce n'était pas encore assez pour qu'elle reste avec lui, protégée de tous les autres sentiments qui l'attiraient vers le Nord.

– Personne ne t'aimera plus que moi.

– Moi je peux aimer plus. Je peux aimer quelqu'un plus que je t'aime toi.

– Tu as rencontré des hommes avant moi et tu ne les aimais pas.

– J'ai rencontré qui ? On rencontre qui dans une discothèque ? On a des coups d'un soir, ça compte pas. Je n'ai rencontré personne à part toi.

– Tu vois.

– J'ai vingt-huit ans et devant moi toute la vie.

– Tu t'es casée avec moi, tu m'as fait un enfant, deux enfants, tu dors toute la journée, tu t'en fiches que la maison soit un taudis, tu es mal peignée, tu es jeune mais tu n'es plus bonne qu'à vieillir.

Il ne pouvait s'empêcher d'accabler cette femme qu'il aimait à la folie depuis toujours, qu'il avait rencontrée barmaid à la discothèque de Salignac. Il s'était monté un plan avec un train à vapeur couvert de flocons qui ramenait d'Allemagne les permissionnaires transis. Il avait aidé cette gamine de seize ans à passer à l'Ouest, puis jusqu'ici. Il l'avait fait profiter de toutes les relations qu'il avait par le député-maire.

– Personne ne t'aimera plus que moi.

Il se torturait d'éprouver pour maman une préférence écrasante, un désir qui la laissait indifférente.

Même les cris qu'elle poussait la nuit c'était des faux cris pour que ça finisse au plus vite. Elle faisait semblant d'avoir du plaisir pour qu'il arrête de l'aimer. Elle se maudissait d'être aimée par un homme qui se laissait traiter d'impuissant, de oin-oin, et mille autres choses.

Un jour, le plus beau de tous, elle se sauverait d'ici, elle aurait sa chance avec un homme qu'elle aimerait de tout son cœur, celui-là, sans même se poser la question.

Un jour on rencontre la personne avec laquelle on doit passer le restant de sa vie. Ma mère elle appelait ça : sa moitié d'orange.

– Je t'emmènerai, petite mandarine, je ne te laisserai pas derrière moi.

Ça m'est arrivé, oui. Quand j'ai rencontré Arman, oui, j'ai rencontré l'homme de ma vie. Et moi aussi j'appelais ça la moitié d'orange.

3.

Troisième jour.

Je ne voudrais pas qu'il y ait de malentendu, vous comprenez, par rapport à ma fille, je veux dire la première. Une mère en détention quand on a dix-huit ans... Morgane c'est différent, elle a sept ans... Mais Viviane, la grande... Quand c'est arrivé elle a remercié le ciel, aucun reproche. Tu es vivante, maman, c'est tout ce qui compte pour nous. On n'est pas des juges, on t'aime.

Ça n'excuse rien ces mots-là, mais c'est du baume au cœur.

J'ai refusé les médocs hier soir. Je voulais réfléchir durant la nuit, besoin d'une prise de tête après ce qu'on s'était dit, ne vous étonnez pas... Les tics faciaux c'est quand je refuse les médocs, j'ai les nerfs à fleur de peau.

Les médocs, ça tue le temps, mais parfois, le temps, même en prison, on a besoin qu'il soit là. Pas pour de vrai, pas cette poisse qui s'accroche aux murs ou se noie dans l'air qu'on respire ou qui vous descend jusqu'aux os. C'est le temps d'avant, quand rien n'était encore arrivé, que je reconstruis machinalement, ou qui se reconstruit tout seul du simple fait que j'ai oublié les médocs.

J'ai repensé à Viviane, cette nuit, lorsqu'elle est née au sous-sol de la maternité. Une tête de petit chien méchant, a dit le docteur. Je ne sais même pas s'il était docteur, celui-là, de la façon qu'il me regardait, me fouillait... Même un paysan ne fouille pas une bête comme ça... La veille l'infirmière aussi vous fouille en vous surveillant, vous parlant mal... Que des mots pour que vous n'osiez pas regarder votre gamine en face après qu'on vous l'a collée sur le ventre.

Pour qu'il n'y ait pas un sourire dans la pièce à la naissance de l'enfant. Pour que la mère soit si mal recousue qu'elle ne peut pas faire mieux que pleurer comme la gamine. Elle se dit qu'elle donnera tout, pour son enfant, cette gamine, qu'elle effacera les pleurs, que si quelqu'un doit être heureux désormais c'est Viviane, que leurs larmes à toutes les deux seront les dernières qui seront pleurées, et que l'homme si fier de sa vigueur, de son corps, n'a plus intérêt à s'approcher.

J'avais quatorze ans. Plus un homme ne m'approchera... J'ai prononcé les mots comme un vœu la veille de l'accouchement. Ma mère me disait parfois :

les hommes, tu sais..., d'une voix remplie comme d'un regret, et elle me caressait la joue.

Plus un homme ne m'attendrira suffisamment pour que mon corps s'ouvre à son approche. Je vivrai pour Viviane, et jamais un homme ne s'approchera d'elle non plus. Tout ce qu'ils voulaient dans cette maternité, au sous-sol des filles-mères, c'est qu'on ait soif. Tu as soif, petit chien, me disait l'infirmière... Dehors, dans la cour, je devais porter une blouse grise pour que les vraies mamans qui enfantaient dans les étages comprennent que moi j'avais enfanté sous les étages un enfant sans père, que j'étais une femme sans mari, une fille perdue.

Non, personne n'est venu voir la petite à la maternité. Qui serait venu ? Mon copain ? Il n'était pas au courant... Mon père ? Il m'avait demandé où j'accouchais en me regardant bizarrement, lui aussi, le même regard que l'infirmière, le docteur, un regard maudit.

Bien sûr on aime son copain, le premier amour, le plus grand. C'est la nature d'aimer son premier copain.

Pour le revoir il aurait fallu que je sache d'où il venait, quelque part en Espagne. Il faisait partie d'une bande d'étrangers qui traversaient la France aux beaux jours, d'une culture à l'autre, les fraises, les melons, les cerises, les raisins, les pêches, et aussi les marées noires, ils espéraient des naufrages depuis l'*Amoco Cadiz*, ça payait bien.

Chez nous c'était les feuilles de tabac pour la régie nationale, et les maïs. Parfois j'imagine le bonheur et je retrouve l'image de ces soirées interminables au milieu des feuilles palmées deux fois plus grandes que vous.

On s'arrosait au jet glacé dans la cour des fermes. On mangeait dehors, on buvait du vin comme on aurait bu l'eau des torrents. C'était joyeux tous ces gens avinés dans la cour des fermes, aussi bien les hommes que les femmes, les enfants, les vieux. On vomissait dans les caniveaux, et puis on revenait faire la fête et boire à la belle étoile, puis le jour se levait.

4.

Quatrième jour.

Tout ce que j'ai dit hier faut l'oublier... Je me rappelle que ma mère et moi on riait souvent. J'ai des photos où l'on est toutes les deux, on voit bien qu'on s'en paye une bonne tranche. Il y en a une où mon père est là, mais dans ma tête il est absent. Sur la photo c'est bien lui qui tient l'échelle et moi je cueille les cerises, j'ai les bras levés. En bas c'est la poussette des jumelles. Sur cette photo j'ai ma robe à losanges verts et noirs. Je l'adore, cette robe, et je ne devrais sûrement pas l'avoir pour cueillir des cerises. Si la photo parlait, on entendrait maman crier : enlève-moi cette robe immédiatement. C'est elle qui me l'a payée pour mes douze ans, avec l'argent des œufs, c'est ce qu'elle m'a dit, une affaire avec le vieux Fred de la Solderia. Ordinairement je suis en jean, j'ai besoin de courir partout. Cette robe me va si bien. On pourrait croire que je mens quand on voit cette photo, le cliché idéal du bonheur en famille, moi, mes parents, les bébés endormis dans leur poussette, le cerisier. On est toujours heureux sur les photos. Il faudrait la déchirer pour être honnête. Si Viviane n'aimait pas autant cette photo je la supprimerais. Personnellement, avec la suite des événements, je trouve qu'elle n'est plus à sa place dans l'album de ma vie. Je me souviens de la robe à losanges qui m'allait si bien.

Mon père est l'homme que j'ai le plus détesté au monde. J'ai beau faire, explorer les photos, les souvenirs, il n'a aucune excuse. Paco, lui, j'aurais pu l'aimer longtemps s'il était revenu l'été suivant. Mais les garçons repoussent les filles qui tombent enceintes, ils disent qu'elles le font exprès pour se marier. Mon père avait quand même épousé maman, lui, mais je détestais qu'il mente chaque fois qu'il ouvrait la bouche, regardait, respirait. Une respiration de menteur, voilà ce qu'il avait. Il ne savait dire les choses qu'en les mélangeant dans une sauce à lui.

Je détestais qu'il ait raison.

Je détestais qu'il aime autant maman, à quoi ça l'avançait ?

Je détestais qu'il soit toujours à la suivre, à demander où elle était encore passée. La nuit il faisait des allées et venues à travers la maison, il me demandait si je dormais, si les jumelles dormaient, puis il s'agenouillait à côté du lit où maman dormait, j'entendais le bruit de ses rotules sur le plancher.

Je détestais qu'il soit toujours à mijoter quelque chose, il disait qu'il faisait tout dans la maison mais il ne s'occupait de rien. Quand maman s'est acheté l'ordinateur à crédit il s'est mis en colère, il a dit que c'était pour draguer. Je détestais son odeur.

Je le détestais, c'était un pervers, mais il se comportait bien avec moi. Pourquoi j'en aurais après lui s'il ne m'a rien fait. Je vais garder mes impressions pour moi, cesser d'en parler. C'est le meilleur service qu'on puisse rendre à des enfants, avoir le courage d'oublier.

Autant ma mère avait des qualités... Autant ma mère me faisait rire autant mon père m'inquiétait. Impossible de rester seule avec lui dans la même pièce. Autant ma mère essayait d'apporter quelque chose à la vie quotidienne, autant lui... Quand elle disait : on va partir à la mer, tout excitée, ça m'excitait aussi. J'y étais à Palavas à manger ma glace au coco devant l'Hôtel des Flots, à trouver ça magique l'horizon, la mer qui n'a l'air de rien quand on est petit. Chaque fois c'était la même chose, après l'émerveillement causé par le trajet en voiture, une espèce de mélancolie... Ah bon c'est ça la mer, ce n'est que ça, de l'eau ? De l'eau plus grande que l'eau du robinet, que la pluie, plus grande que toutes les eaux réunies, salée comme la pierre à feu. De l'eau quand même, et d'ailleurs on ne peut pas tout mettre dans ses yeux, d'un seul regard.

Aujourd'hui qu'est-ce que je ne donnerais pas pour la tenir dans ma main, la mer, la boire, lécher l'intérieur de mes paumes jusqu'à ce qu'il ne reste plus la valeur d'une larme oubliée sur ma peau, jusqu'à ce que je n'aie plus soif de rien. Quelque fois j'espère en finir et j'imagine comment ce serait d'entrer dans la mer à la nage et de nager, nager...

Ça on va l'effacer, d'accord ?

Je disais... Je ne sais plus, je suis fatiguée. Mon père n'avait aucune qualité pour ma mère ou pour moi. Il était comme il était, cet homme, très correct. Je réfléchis beaucoup la nuit. S'il y a une chose à quoi je tiens, pour Viviane, c'est à lui donner l'idée la plus juste des choses que j'ai connues avant sa naissance. Son grand-père, un bon à rien, mais pour elle il est sacré. Il restera sacré.

Ma mère c'était maman le temps qu'elle a duré chez nous. Il y avait la pilule, à cette époque et peut-être qu'elle la prenait, mais elle oubliait, elle tombait enceinte et il ne fallait pas que mon père soit au courant. Il s'emportait, disait qu'on l'avait assez emmerdé toute sa vie, que maman l'avait trompé. Les cris qu'elle poussait la nuit c'est parce qu'il la battait. J'y allais, mes bras autour d'elle, mes jambes autour d'elle, et il essayait de la frapper à travers moi. Il nous battait ensemble, il pensait qu'on s'entendait trop bien. Toi aussi tu n'as que ce que tu mérites. Si ce n'est pas maintenant ce sera plus tard. Le lendemain il s'excusait et ma mère le traitait d'impuissant. Et de mille autres choses qui le rendaient fou.

Un jour je suis arrivée de l'école et elle m'a tout raconté dans la cuisine. On va faire un ange et tu vas m'aider. Tu veux bien m'aider ? J'avais, allez, on va dire six ans. Je l'ai aidée. Elle me disait : ne regarde pas. Moi, ne pas regarder c'est au-dessus de mes forces. Ce jour-là je suis devenue la sage-femme de maman. On l'a fait sur un parking de Palavas, la première fois. On était venues spécialement pour l'ange, on savait que papa ne viendrait pas. J'avais volé la grande cuillère du banana split chez le glacier du port, je l'avais lavée dans la mer. La première fois ça s'est bien passé. A la sixième, maman s'est envolée avec l'ange. On était chez nous dans la cuisine. Tellement de sang. Depuis j'ai peur du sang.

Pourquoi je vous raconte tout ça, moi. Ça vous intéresse, mon enfance ?

5.

Cinquième jour.

J'ai rien à dire aujourd'hui. D'ailleurs pourquoi vous venez ici. Je ne veux plus parler. Je suis sûre que l'autre fois j'ai dit des choses pas bien..., faut les enlever. J'étais malade cette nuit, je pensais à ma fille... Elle a le droit de vivre, cette gamine, elle n'y est pour rien... Moi personne m'a aidée. C'est moi qui vais l'aider. C'est moi qui lui dirai les choses comme elles se sont passées, pas les journaux ni la télé ni les salauds de cousins. Qu'est-ce que ça peut bien vous faire, à vous, comment une fille comme moi elle s'est chopé la chance qu'elle a eue ?

C'est ça, partez. Tout ce que j'ai dit c'est à foutre aux toilettes.

Non, je ne veux pas que vous reveniez, j'ai eu tort d'accepter. C'est moi qui vous ai demandé, je sais, mais c'est pareil, c'est un piège.

Je me suis dit qu'avec vous j'arriverais à me sortir

les mots du crâne et du sang. Je me suis dit qu'avec vous ce serait plus facile dans mon cerveau. Je me suis dit qu'en s'y mettant à deux, ouais, à deux...

C'est pire que la nuit. Il y a trop de lumière, vous comprenez ? Du silence, des cris... Je croyais que les souvenirs s'éloignaient avec le temps. Chez moi ils se rallument et ça flambe, une bonne petite flambée.

S'il vous plaît, j'aimerais bien que vous reveniez quand même demain. Moi je m'en fous, si vous saviez. Revenez pour ma fille, revenez demain.

C'est les médocs, ça vous rend tout vague et méchant.

Vous allez revenir ?

6.

Quatre jours plus tard.

Le docteur a tout compris quand il a vu la cuillère à banana split sur la table. C'est lui qui a prévenu mon père et tout le monde. Les jumelles avaient trois ans, moi quatorze, évidemment c'est moi qui ai remplacé maman chez nous.

C'est normal, j'étais la grande sœur. Il fallait bien quelqu'un pour faire à manger, s'occuper des papiers et dîner avec papa, le soir, quand il rentrait du boulot. Il m'engueulait comme du poisson pourri. Tellement il avait honte de pleurer, ou qu'il en avait assez de pleurer devant moi, qu'il partait se consoler avec Bébé, dans l'enclos, assis côte à côte avec cet énorme cochon sur lequel il s'amusait à cracher du vivant de maman.

« C'est tout ce que je mérite. »

Je l'oubliais un moment là-bas, ça le soulageait. J'en profitais pour coucher les jumelles, boucler leurs cartables.

« Allez papa, viens. »

J'avais peur, toute seule avec les jumelles à la maison. Je venais le chercher, j'avais peur que le cochon l'ait mangé.

« Allez papa, viens dormir, ne reste pas là.

– C'est tout ce que je mérite. »

Dans le noir tous les deux, assis par terre à côté du cochon. Il me demandait ce que je voulais faire plus tard de mes dix doigts. Si ce n'était pas une bonne idée qu'on s'en aille tous en Australie, son vieux rêve. Il avait promis à maman d'aller là-bas.

« Ça nous ferait du bien. C'est un pays pour les riches. »

En Australie tout le monde gagnait sa vie. On ne savait pas manger comme il faut, en Australie, on irait leur apprendre. On ouvrirait un restaurant tous ensemble, le plat du jour à la française, la purée maison, les flageolets. A Lisor Le Terminus avait fait un bide. C'était un trou paumé, une bande de jaloux, mais dans une belle campagne australienne avec de belles propriétés, les plages, les surfeurs pleins aux as, ça marcherait du feu de Dieu.

« D'accord papa, on ira en Australie.

– Tu te marieras avec un surfeur. Le restaurant s'appellera Le Rendez-vous des surfeurs.

– Oui papa.

– J'apprendrai le surf. Je suis un homme sportif, tu sais. A quarante ans tous les espoirs sont permis. »

Il se remettait à pleurer.

« On ira là-bas, papa, ne t'inquiète pas. »

Ce petit bout d'homme avec son Australie. Il

n'était lui-même et fier que sur le motoculteur de la mairie, dans les jardins publics, ou sur les plates-bandes autour des statues ou derrière la voiture des pompiers.

« Allez, viens, papa, on va se coucher. »

7.

Jour suivant.

C'est une photo d'Arman à Cayenne. Vous avez vu les yeux qu'il a ? Rien que du muscle. Quand je l'ai connu il était vigile dans un garage de nuit. Il se baladait sur les toits avec son chien. Il avait les clés de toutes les voitures. On faisait l'amour dans les BM ou les Range Rover. Il me disait : mon petit chat, un jour on ira loin. Tu ne le crois pas mais on fichera le camp d'ici. Il faisait ronfler les moteurs. On rabattait les banquettes, on s'aimait avec France Musique autour de nous pour que ce soit plus stylé. Il avait trente et un ans. Deux ans d'écart, ce n'est rien, je trouvais qu'il faisait plus jeune que moi. Au tribunal ils ont dit que c'était moi qui l'avais démoli. Ma mauvaise influence de femme.

Au tribunal ils se demandaient pourquoi Arman m'avait quittée ? Et pourquoi je l'avais quitté ? Et pourquoi on voulait toujours se quitter à la fin, ne plus se voir, continuer à s'appeler ? Je lui disais : ne viens pas, ne viens plus jamais. Il arrivait aussitôt. Il passait par la cuisine, il donnait des coups dans la porte vitrée. Qu'est-ce que vous voulez, moi j'ouvrais. Je lui disais : non Arman, c'est fini... allez dire à un homme que vous désirez : c'est fini. Le sourire qu'il avait pour me répondre : fini, vraiment ? Il avançait la main, il disait : je n'ai pas du tout l'impression que ce soit fini entre nous, Rosyne. Au bout d'un moment il trouvait une excuse pour s'en aller. Parfois il partait sans un mot, parfois il me répétait que j'étais à lui pour tous les jours de la vie. Pas une petite amie, Rosyne, pas une maîtresse qu'on vient tirer vite fait, tu es ma femme. Un jour je t'achèterai une bague.

On répond quoi, dans un tribunal, à des questions pareilles ? On reste muette.

Par la fenêtre de la cuisine je le voyais repartir à vélomoteur. Je me demandais où il pouvait bien aller, s'il avait dans la vie d'autres filles auxquelles il disait : pas une petite amie, pas une maîtresse qu'on vient tirer vite fait, un jour je t'achèterai une bague et tu seras ma femme. Chaque fois je pensais : plus jamais, plus jamais il ne m'aura. Un jour, deux jours, une semaine passait, un mois, et Arman appelait. Je lui manquais mais il tenait à s'excuser. Il avait pour moi un grand amour qu'il essayait d'oublier. Il avait juste besoin de parler gentiment, besoin que je lui réponde quand il perdait la boule à cause du chagrin, pour se raccrocher au son de ma voix. Quand ça sonnait dans le vide il avait des pensées noires, il m'imaginait avec un autre, il imaginait que j'avais repris mon ancien job à Paris. Le soir il venait rôder autour de la maison, et bien sûr il montait frapper au carreau. Chaque fois il trouvait un nouveau baratin pour m'attendrir : un jour il était soigné pour une maladie grave, il ne voulait pas m'inquiéter. Un autre il avait retrouvé la trace de sa mère au bout du monde, il allait quitter la ville. Ou il avait reçu une lettre d'une Française qu'il avait peut-être fréquentée à Cayenne lorsqu'il avait dix-huit ans. Je fais quoi, Rosyne ? Cette femme est très malade, elle va mourir. Je suis peut-être le père de son enfant. Elle voudrait nous présenter, ma fille et moi, avant d'y aller. J'ai toujours rêvé d'avoir une fille.

Une fille avec Arman, je n'aurais pas demandé mieux. Mais j'en avais déjà deux.

Quand ça sonnait dans le vide il allait au bistrot se battre avec le premier qui le regardait mal, il lui tombait dessus. C'est pour ça qu'il était un peu énervé, parfois, lorsqu'il finissait par monter ou qu'il saignait du nez. Il n'était ni pire ni meilleur qu'un autre. Il avait juste besoin de parler avec la femme qu'il aimait. C'était ça ou taper sur quelqu'un.

Il ne téléphonait jamais sans monter à la maison, le nuit venue. Il secouait la porte vitrée, m'appelait. Il aurait fallu déménager ou changer la porte vitrée. Je voyais son ombre bouger à travers le carreau, je l'entendais pleurnicher : ouvre-moi, Rosyne, j'ai mal, ouvre, je perds mon sang, je m'en fiche s'il y a quelqu'un, je ne suis plus jaloux. Ouvre la porte, ouvre-la et je m'en vais.

C'est à vomir, la peur, pourtant il ne se passe pas grand-chose derrière la porte vitrée, c'est juste l'homme que vous aimez qui vous aime aussi.

Mon ancien job, on peut clairement estimer que je l'ai obtenu grâce à mon père. Sans lui il n'est pas sûr que j'y aurais pensé toute seule. Personnellement, je ne connais pas une femme autour de moi qui se soit jamais dit, quand elle était petite, en s'endormant : plus tard je serai prostituée.

8.

Onzième jour.

... Plutôt bien, j'ai plutôt bien dormi pour une fois. Je ne sais pas si c'est d'avoir parlé de la porte vitrée, mais je ne l'ai pas entendue battre une seule fois cette nuit. Souvent elle s'ouvre, je me pince, je chuchote : c'est un rêve, et c'est un rêve, il y a tous ces éclats de rire qui tombent sur moi, qui sont des rêves aussi mais tellement vrais que je n'y vois plus clair. J'ai l'impression que mes yeux se cassent en mille morceaux, je n'ai pas la technique pour arrêter ces bruits... Un souvenir ? Non ça ne me rappelle rien en particulier, juste la peur de son ombre quand il secouait la porte vitrée. C'est mystérieux de redouter l'ombre d'un homme pour lequel on donnerait sa vie.

Je vous ai parlé des rires, je vous parlerai aussi des voix qui m'ont donné des conseils à certains moments : « Ouvre-lui, n'ouvre pas, sors de ton lit, ouvre la fenêtre et va-t'en... » On ne peut pas toujours obéir à des voix pareilles, à des rêves, même quand ils recoupent vos peurs du moment et cherchent seulement à vous sauver la peau.

Vivre ensemble on avait essayé, au début. Ce n'est même pas qu'on avait essayé c'est qu'on vivait ensemble collés l'un à l'autre. Il habitait chez moi, et le soir on partait ensemble au boulot. On se faisait des week-ends entiers sous la couette, rien qu'à s'aimer. Il me disait : parle-moi, tu parles bien. C'était la première fois qu'on faisait attention à mes paroles, à mes histoires. Je voyais bien qu'il souffrait mais il gardait ça pour lui. On continuait à partir ensemble au boulot. On prenait le RER, et à Châtelet chacun de son côté. Apparemment il respectait mon travail, ma liberté. Voilà un homme intelligent et bien dans sa peau, pensais-je. Je l'avais prévenu. Pas de questions. Comme je voyais qu'il souffrait j'avais promis d'arrêter à la fin de l'année. Il y avait une telle perdition dans sa voix. J'essayais de le rassurer, de lui expliquer sans aucun détail, sans qu'il puisse rien imaginer. Un tordu veut bien accepter ce genre de métier pour sa femme, pas un gars comme Arman. Il faut être un voyou pour aimer une prostituée. J'ai promis d'arrêter à la fin du mois et de retourner travailler à l'hôpital de jour.

Une chose qu'ils ne comprennent jamais c'est qu'on peut les aimer comme ils sont. Nous c'est la vérité qu'on aime en eux. Eux je ne sais pas, je ne sais plus. Arman disait qu'il était heureux rien qu'avec mes filles et moi. On avait cette chose-là chez nous, le bonheur, la plus belle chose du monde. Il aurait fallu être le roi des imbéciles pour détruire ça.

Une nuit j'avais fait un salon plutôt sympa. Dans les bars, le salon, c'est quand le type paie une bouteille de champagne à la fille, il a droit à un box avec celle qui lui plaît. Après, j'ai bu un verre avec le type au bar et on est restés un moment à jacter. Il a fait livrer des huîtres par la brasserie d'à-côté, j'en mangeais pour la première fois. Puis j'ai croisé le regard d'Arman au bout du comptoir, j'ai compris qu'il m'avait suivie dans le métro, dans la rue, jusqu'à la boîte. D'habitude, à Châtelet je prends un taxi par précaution. Ce soir-là il faisait beau, j'étais venue à pied.

Je ne sais pas ce qu'il y avait dans mon regard, de la fureur ou du désespoir. J'étais désespérée. Je haïssais Arman. Je savais qu'après ce regard-là on ne s'aimerait plus comme avant, et quand on ne s'aime plus comme avant c'est tout simplement que l'amour est fini. Je venais de perdre Arman, il m'avait perdue... Tous les deux perdus l'un pour l'autre. Un instant j'ai cru qu'il allait s'approcher pour être violent. Tellement de fois il m'avait répété qu'il était une machine à tuer, comme n'importe quel ancien légionnaire. Il a fait une mimique avec sa bouche et il est parti, mon client n'a même pas su qu'il avait risqué sa peau.

J'ai tremblé cette nuit-là. J'étais sûre qu'il allait passer. Je me demandais s'il pouvait s'en prendre à la petite. C'était le bon moyen pour m'atteindre, le seul. J'ai fait un deuxième salon avec le type du bar et je suis rentrée à la maison après minuit. La gamine dormait devant la télé, à côté d'Arman, la tête sur son épaule. Ça m'a rassurée. Il disait qu'il voulait être un père pour elle, moi j'aurais préféré un grand frère. J'ai couché la gamine dans mon lit. On s'est expliqués, Arman et moi. Il était soulagé depuis qu'il avait vu un homme me peloter, m'embrasser, et moi visiblement très heureuse. En effet il ne m'aimait plus. C'était bien ce qu'il avait toujours pensé : la vie, l'amour, les femmes et les hommes, une fumisterie. Il est devenu odieux. On aurait dit qu'il avait pris des leçons avec mon père, le seul homme que j'aie entendu salir une femme de cette manière-là quand maman rentrait du boulot. Il m'a demandé combien je m'étais fait, ce soir, et si je lui donnerais ce fric pour qu'il couche une dernière fois avec moi.

Si je voulais coucher avec lui, il fallait que je le paie avec l'argent des salons.

Il n'avait que cette idée en tête : l'argent des salons, coucher avec moi.

Il se demandait comment il pourrait arriver à me faire aussi mal que moi je lui avais fait mal en le trompant.

Ça ne servait à rien de discuter.

Il a essayé de me violer. C'était me violer qui l'intéressait, pas faire l'amour, me crier des mots orduriers pour réveiller la gamine. S'il violait la gamine, alors peut-être que j'aurais aussi mal que lui mais pas sûr, après tout ne lui avais-je pas juré que je l'aimais plus que mes propres enfants ?

Morgane s'est mise à pleurer dans son lit. Arman lui a crié de la fermer et il est parti. Au passage il a cassé toute la vaisselle qu'il a pu sur l'évier, en laissant traîner son bras.

Je suis allée consoler ma fille.

Maman, tu n'es pas infirmière à Paris. Tu couches avec des hommes et ils te donnent de l'argent. Arman t'a vue. Chaque matin, tu vas à la banque porter l'argent.

Je t'ai vue, je t'ai accompagnée à la banque.

Alors, c'est qui mon père ?

Si je me mets à la place d'Arman j'ai mal, je veux bien comprendre ce qu'il a éprouvé. Mais lui pardonner jamais. Je lui ai fait une lettre qu'il m'a renvoyée. Je vous la lis. Dans l'enveloppe c'est la photo d'Arman et moi la première fois qu'on est allés à Palavas.

Cher Arman, je t'aime et je te supplie de revenir à la maison. Rappelle-toi quand on se disait que notre amour pouvait effacer toute la mauvaise mémoire de notre enfance. Rien n'est plus important que toi pour moi, alors viens. Je t'attends jour et nuit. Ta Rosie.

Expliquez-moi pourquoi j'ai écrit cette lettre ? C'est au moment où je ne croyais plus à rien que j'ai mis ces mots sur le papier. C'était peut-être pour conjurer le sort, obliger les sentiments à revenir dans mon cœur. Si j'avais écouté mes voix j'aurais dit tout autre chose : tu m'as trahie, je te hais.

Il m'a renvoyé ma lettre, et regardez l'adresse sur l'enveloppe :

Madame Rosyne Lambert
PROSTITUEE.

9.

Douzième jour.

Ils m'ont envoyé un psy, pendant l'instruction. Il a passé un quart d'heure avec moi. Il voulait savoir comment s'était passé mon premier rapport sexuel, quel souvenir j'en gardais, quel âge j'avais. Il s'interrogeait sur les raisons qui m'avaient poussée à faire ce métier dans la rue. Mes réponses avaient l'air de l'agacer. Je n'allais quand même pas lui donner les détails. Au tribunal il a parlé d'argent facile, vite gagné, et déclaré que, hormis le décès de ma mère, il n'avait trouvé dans mon enfance aucune de ces perturbations qui peuvent entraîner une jeune fille sur la mauvaise pente. Ils sont très forts, ces psys, ils ont la confiance des juges.

Il a fait circuler mon profil parmi les jurés. Non pas mon profil de visage, mon profil moral, psychologique, une espèce de bulletin d'appréciation qu'on avait fait sur moi à la maternité quand j'ai accouché la première fois.

A cette époque-là, une fille-mère c'était une garce, et si par-dessus le marché on l'avait violée, on ne se gênait pas pour lui faire observer que le viol, comme par hasard, c'est la punition des Marie-couche-toi-là, qu'une femme honnête elle est bien trop honnête pour se faire grimper dessus par un violeur.

Une Marie-couche-toi-là, déjà, à quinze ans.

Une garce.

Une effrontée.

Ce n'était pas moi qu'ils jugeaient, au tribunal, c'était la fille-mère de quinze ans que son pauvre père, ce brave homme si méritant, n'avait plus voulu loger chez lui après cet affront.

Son pauvre salaud de père, ce merveilleux fumier.

Ils ne m'ont pas jugée, d'ailleurs, ils m'ont condamnée au maximum, encore plus sévèrement du fait que je disais non, toujours non. Ils m'ont comparée à Klaus Barbie.

« Vous avez tiré ?

– Non.

– Par deux fois vous avez tiré.

– Non.

– Vous avez perdu la mémoire ?

– Non.

– Est-ce que vous regrettez ?

– Non.

– Est-ce que vous avez quelque chose à ajouter ?

– Non.

– Monsieur Klaus Barbie non plus n'avait rien à dire. Les vrais criminels n'ont jamais rien à dire. Ils sont orgueilleux. »

Ils étaient très intéressés par l'arme du crime. Ils voulaient tous la voir et la toucher, ils rivalisaient d'érudition technique sur cet objet, le seul à vendre que j'aie trouvé chez l'armurier du coin, et pour lequel j'avais dû emprunter la valeur de trois « salons » à ma copine. Le double canon, le métal argenté, le système à pompe, le canon scié, ça les excitait. Etrange qu'une femme ait choisi un tel engin pour liquider un homme. Qu'est-ce que ça pouvait faire, puisque Arman était mort et que mes empreintes imprégnaient la crosse, et que pour eux ma culpabilité ne faisait pas l'ombre d'un doute.

Mon commis d'office bâillait quand on lui donnait la parole. Il ne me pardonnait pas le rôle qu'il devait jouer à cause de moi devant ses confrères et devant les jurés. Lui qui se trouvait plutôt beau mec avec sa mèche brune et sa voix chaude, contraint à dire : elle n'est peut-être pas si coupable que ça. Il y a quelque chose à faire pour l'excuser, lui pardonner. Faisons-le ensemble, mesdames et messieurs. Pensons à nos propres vies. Appelons au secours nos souvenirs. Pour commencer, regardez-la. La faute à qui, mesdames et messieurs, si la balle est partie ? Posez-vous la question, s'il vous plaît. Quel drôle de voyage elle a fait, cette balle, avant de fracasser la main d'Arman, de finir sa course dans l'œil d'Arman. Posez-vous la question. Voulait-elle ce désastre ? Pourquoi cette arme arrive-t-elle entre les mains d'une amoureuse aussi passionnée ? Pourquoi la mort est-elle au rendez-vous d'un si grand amour ? Elle ne l'aime plus, son Arman ? Elle n'est pas toujours aussi folle de lui ? C'est ce pourquoi-là qu'il vous faut creuser, dans ce tunnel que brille une lueur. Elle en a besoin, nous avons tous besoin d'en ressortir vivants, je vous remercie.

S'il avait dit le millième de ces mots, j'aurais accepté plus facilement d'être condamnée. Il y a des gens qui naissent condamnés. Il aurait pu trouver ces mots, mon commis d'office, mais non. Il tenait plus à sa peau qu'à la mienne, et comme les autres il espérait me voir plonger. Il disait que j'étais bien assez grande pour répondre moi-même de mes actes. Il faisait l'imbécile comme si j'étais là aussi pour le tirer d'affaire. Maître Buchot.

La veille il m'avait apporté le rapport d'autopsie. Et vous croyez qu'il aurait mis de côté les photos, par humanité, qu'il m'aurait prévenue ? Il me les a collées sous le nez l'une après l'autre, il surveillait mes réactions. Du regard il me disait clairement : c'est ça, lorsqu'on tue quelqu'un, c'est ce merdier-là, on n'a pas le choix, il faut patauger.

On avait ouvert Arman du menton jusqu'au bas-ventre. On l'avait vidé comme une bête à manger. On avait extrait du corps les organes, on les avait photographiés séparément – les reins, le cœur, les poumons, le foie. Il fallait que je voie ça pour me préparer à les revoir à l'audience, le lendemain, sur grand écran, et à répondre aux questions.

A l'audience, j'avais la gorge tellement serrée, comment j'aurais pu dire un seul mot ? Je vivais un cauchemar imbécile, insultant pour Arman et pour nous deux, pour la terre entière. L'un des experts estimait que le foie pesait un poids anormal. Il en déduisait qu'Arman souffrait du foie au moment des faits, c'était son intime conviction. Il n'en déduisait pas davantage, et comme on aurait entendu voler une mouche, le président m'a fait lever pour me demander solennellement si j'étais au courant qu'Arman souffrait du foie le soir de sa mort.

Je suis restée muette.

Répondez à ma question : votre ami avait mal au foie et vous auriez pu en être avertie. L'étiez-vous ?

– Non.

Mon commis d'office est intervenu pour demander à son cher confrère comment il se faisait que le poids du foie d'Arman n'ait pas été précisé dans le rapport d'autopsie qu'il avait eu. Pour le bon classement de ses dossiers, il réclamait que lui soit versé la pièce manquante. Le président lui a demandé s'il dénonçait un vice de procédure, et dans le silence de mort mon commis d'office a répondu :

– Ma foi non.

On a ri derrière moi.

Ça a été ça, mon procès. On a tué le temps jusqu'au verdict. Zéro circonstance atténuante, excepté les enfants attachés à leur mère, comme tous les enfants. Et que ces enfants aient dit que j'étais la meilleure des mamans dans une lettre au juge n'est jamais venu sur le tapis.

Seize ans pour la fille-mère, seize ans pour la prostituée, seize ans pour la tueuse au fusil.

Je suis allée dans la prostitution comme toutes les filles, pour gagner ma vie. Le déclic c'est mon père qui l'a donné. Il m'insultait beaucoup quand j'étais gamine, et ça n'a fait qu'empirer avec le temps. Il me traitait d'effrontée. Je mettais une jupe, j'étais une effrontée. J'allais me baigner à la rivière avec mes copains, j'étais une effrontée. Il me parlait, j'étais une effrontée. Va je sais ce que tu es, tu es une effrontée. Il crachait sur mes chaussures.

J'ai eu mes premières règles à onze ans, un soir qu'on dînait chez mes cousins. Il a fallu que je quitte la table et que maman vienne me consoler, m'expliquer. Il a fallu qu'elle demande à mon oncle de quoi stopper l'hémorragie. Il nous a donné du papier toilette, et quand je suis revenue m'asseoir mon père m'a traitée de chienne en chaleur, de salope. On est rentrés à la maison et dans la voiture il disait que les chiennes en chaleur ne puaient pas davantage que sa putain de fille. Si ma mère n'avait pas été là, je suis sûre que j'aurais dû rentrer à pied.

Il s'est rattrapé après le départ de maman. Il me disait : fais donc une mayonnaise, espèce de chienne et attends voir un peu si tu la rates, je vais te dégourdir les jambes. Il flairait autour de moi, ne me quittait pas des yeux. Ça été ça, le déclic de la prostitution, la peur de mon père et la honte le premier jour de mes règles et tous les mois la honte quand elles venaient. Je ne suis pas une effrontée, mais si vous me dites que je suis une effrontée, je me venge en devenant une effrontée.

Quelques jours avant de partir, maman est venue me parler au pied de l'arbre où j'étais cachée : « Ne t'en fais pas, Rosyne, rien n'en vaut pas la peine. Tôt ou tard la vie arrange tout. »

La mienne de vie dérange beaucoup, je trouve, ou bien c'est moi qui la dérange.

La vie qui prend leur mère à des enfants, on ne peut pas dire qu'elle soit très arrangeante. Si maman était restée, j'aurais eu un bon métier, passé les bons examens, je voulais être directrice d'école, je travaillais. Elève studieuse, écrivait la maîtresse, j'apprenais sur le bout des doigts les poésies du manuel, c'était le droit chemin pour un bon élève, on allait forcément s'en apercevoir, toute cette beauté. Je me demandais combien de poésies j'arriverais à faire entrer dans mon cœur. Je me voyais, moi l'effrontée, avec une mémoire où il y avait toujours de quoi faire tenir les mots d'une poésie, des milliers de mots, des milliers d'images et d'émotions. Elles sont presque toutes sorties aujourd'hui comme par évaporation. Petite je m'endormais en poésie, j'effaçais avec de la poésie murmurée les malheurs de ma journée. Aujourd'hui je m'endors comme je peux, j'écoute rire ma mère au loin, ça vaut bien les poésies oubliées. J'ai peur qu'un jour elle ne rie plus.

Le soir de ses obsèques, vous vous rappelez ? Mon père m'a dit que j'étais la maîtresse de maison, désormais. Il s'est couché dans mon lit. Il était saoul, il s'est mis à ronfler. Avec les jumelles on est allées dormir dans le lit des parents, mais au cours de la nuit il est venu se coucher avec nous et il m'a injuriée. Maîtresse de maison, oui, mais il allait me serrer la vis à moi aussi. Il m'en voulait pour la longueur de ma robe à la messe, une robe d'effrontée. C'était ma robe à losanges, la seule que j'avais. Je l'avais gardée sur moi pour dormir et papa m'a donné l'ordre de mettre une chemise de nuit décente ou un pyjama.

J'ai résisté. J'avais une telle dureté en moi quand il me parlait. Alors il m'a questionnée dans la nuit, il voulait savoir si j'étais au courant que maman l'avait fait cocu avec le vieux Fred de la Solderia.

Encore aujourd'hui j'ignore qui lui avait raconté ces bêtises et j'ignore si c'est vrai. Mes réponses ne lui convenant pas, il m'a giflée. Le lendemain je suis retournée là-bas essayer des sous-vêtements pour me consoler, je savais que mon père serait malade en l'apprenant et qu'il me taperait dessus... Avec deux amis pompiers il est allé faire la peau du vieux Fred, et le chef de la police municipale a parlé d'une banale crise de delirium, à l'arrivée des flics le vin coulait à flots de tous les tonneaux éventrés.

Il se tapait nos épouses, ce vieux Fred a dit mon père. Il était en trop dans la région, et avec ça il ne tenait pas l'alcool.

Avec ça, disait toujours papa, avec ça.

Avec ça tu allais tortiller du croupion chez lui, garce, effrontée.

La prostitution vient petit à petit, ce n'est pas vous qui la choisissez. Vous avez beau regarder ailleurs elle est dans tous ces mots qui vous arrivent dessus, garce, effrontée. Vous avez beau lire de la poésie en cachette, nager dans la rivière toute l'année.

Elle est déjà là quand vous naissez et que l'homme qui vous a faite annonce qu'un de ces quatre il vous mangera. C'est pour de rire ? Le rire du carnassier. Le rire du prédateur, du salaud. Il nous a mangées toutes, à la maison. Ma mère l'avait épousé parce qu'il était grand et carré des épaules, beau garçon, beau parleur. C'est toujours pareil entre les hommes et les femmes. Il suffit qu'ils parlent bien pour qu'elles se mettent à raconter leur enfance comme elles ne l'ont fait avec aucun autre.

Vous ne connaissez pas son nom mais vous la sentez venir, la prostitution, vous y êtes née. Vous pressentez qu'un jour il vous faudra compter sur elle, et on ne peut pas dire que vous lui en voulez. Sans la prostitution, j'ignore ce que je serais devenue, moi la mère qui n'aurais jamais permis qu'on lui prenne ses enfants.

Ma mère partie, mon père ne savait plus qui tuer, qui insulter, qui violer.

Ce n'était pas possible avec la dureté qui s'accumulait en moi depuis toute petite. Nous avions tous les deux aussi peur l'un de l'autre..

10.

Treizième jour.

J'suis pas d'attaque, aujourd'hui. J'en ai marre. Vous, ça va ? J'ai mal au bide, si vous voyez. J'la sens plus, c'te affaire-là, les micros, la caméra, le technicien tout miel derrière vous. J'suis quoi, pour vous ? Vous êtes qui, pour moi ? Ça vous excite tant que ça, le passé d'une femme en taule ? Parler avec une fille dont tout le monde est d'accord pour dire qu'elle ne l'a pas achetée pour canarder les petits oiseaux sa Winchester, mais bien pour fumer son mec. D'ailleurs elle l'a fait, c'est ce qu'ils disent tous : elle a fumé son amant, la salope, et c'est pas seize ans qu'elle aurait chopés avant Badinter et Mathusalem ! On l'aurait fait tousser dans le sac de peau !

Je vous soupçonne de vouloir me tirer les vers du nez. Vous me refilez des chewing-gums qui sont passés au détecteur, et moi j'y vais tête baissée, je me laisse aller. Tout bien réfléchi, dans ma cervelle de neuneu j'ai changé d'avis. Vous imaginez que je n'ai pas compris où ça va, les petites questions sucrées ? Je vous avais dit, moi, pourquoi j'acceptais la discussion avec vous. C'était pour les enfants. Y'a que les enfants qui m'intéressent aujourd'hui. Il faut de bons avocats et des moyens quand ils se retrouvent embringués dans toutes ces misères, et moi on peut dire que j'y suis allée à poil de tout avocat, au tribunal.

Pas de sous : pas d'avocat. Un type en noir qui bâille aux corneilles et fait des calembours avec le dossier qu'il n'a même pas lu.

Parler de moi c'est du vent. Ça me rappelle trop quand j'ai connu Arman au thé dansant du boulevard Saint-Marcel, où j'allais faire danser les vieux. C'est un jeune bidasse qui m'a alpaguée, plumé par le cercle de jeu d'à côté. Ça n'intéresse personne qui on est, dans cette maison, ce qui nous est arrivé, d'où c'est qu'on vient, si c'est eux qui ont raison. Personne. C'est chacun pour soi, son fric, ses fesses. J'ai la chance, moi, d'avoir eu un salaud de père qui m'a fait faire le tour de la question à l'âge où les gamines sont amoureuses du petit Prince ou du petit Poucet... Les petites Alice au pays des ordures, on n'en parle jamais, on les laisse grandir à tort et à travers dans les miroirs aux alouettes, on aime bien qu'il soit trop tard pour elles. Garces, effrontées, chiennes !

Ça veut savoir quoi, la dame ? Elle est qui, la dame ? Ça va passer à la télé ? C'est joli d'exhiber une femme qui se tord le bide à cause de vous ? D'accord c'est pas filmé, d'accord. Mais pourquoi vous restez avec moi ? Vous seriez pas mieux à l'hôtel ? Ça vous dirait, un jarret-choucroute chez Maître Kanter, avec un gros bock mousseux ? Arman il pouvait manger trois American burgers d'affilée. Vous en crevez d'envie alors cassez-vous. J'ai besoin de personne, moi. J'dis pas que j'allais bien avant que vous arriviez, j'allais mal. J'me disais qu'en parlant à quelqu'un de l'extérieur, une star de la télé, j'pourrais me rendre utile aux enfants, à la vie. Mes filles aussi j'y ai pensé. Qu'elles soient fières de leur mère, ce coup-là, qu'elles rougissent de fierté. Si vous étiez franche du collier, au moins. J'ai bien regardé vos yeux ces derniers jours, madame, et je pense que vous avez regardé les miens. Ça vaut tous les baratins pour savoir si le courant passe... Maintenant remportez vos chewing-gums, j'y ai pas touché. Et surtout ne revenez plus, je vais leur donner des instructions.

11.

Quatorzième jour.

J'ai commencé très jeune à flotter à l'extérieur de mon corps. C'est un conseil de maman, un truc qu'elle m'a refilé pour lui tenir compagnie après son départ de la maison... Au fait, hier, il s'est passé quoi ? J'ai dû vous ressentir comme une présence ennemie, une ombre aux aguets derrière la porte vitrée, si vous voyez. Excusez-moi. Aujourd'hui ça passe entre nous. Mon regard, le vôtre, ça passe, je vais bien. Vous avez déjà eu peur ? Une peur d'enfant c'est un monstre pataud, des fois, allez mon gros père ! Il hiberne en vous, mais quand il se réveille il est toujours aussi monstrueux et vous n'êtes pas moins enfant pour autant, quel que soit l'âge auquel vous êtes arrivé.

Si dans un premier temps j'ai eu peur d'Arman, ce n'est pas qu'il m'a fait l'effet d'un monstre, au contraire. Arman était mon ange d'amour à la seconde où nous nous sommes embrassés. Arman était mon petit sucre imbibé de caféine.

Un jus très fort d'adrénaline et je ne suis pas junkie. Rien que le nom d'Arman me shootait.

Et encore aujourd'hui.

« Chiche que je t'embrasse.

– Embrasse-moi.

– J'ai mangé du kebab à l'ail.

– Embrasse-moi.

– Je ne vais plus penser qu'à t'embrasser à nouveau.

– N'arrête jamais. »

J'ai pris la clé des champs dans le premier baiser d'Arman. Je me suis retrouvée fillette à bord d'une cabane à trois niveaux que j'avais bricolée dans les branches de l'acacia. Pour qui s'y connaît en acacias c'est clair. Ce que pouvait bien fiche un acacia dans le jardin... C'est tout de même une plante exotique, elle a des besoins, un taux d'humidité important, une luminosité tamisée par le jour nébuleux des climats ardents. Et les tropiques, dans mon jardin... Je pêchais à la ligne à travers les feuillages, je dominais l'horizon, je faisais le tour du monde à la vitesse des éclairs. C'était là que je voulais vivre plus tard. Une cabane immense, un rêve où je n'arrêtais pas de creuser des tunnels, des sous-sols, un engin spatial, un abri antiaérien. L'acacia surplombait la vieille autoroute et de temps à autre un engin de l'Equipement pointait son museau sous mes branches.

D'en haut je voyais le monde en bas, rabougri, méfiant avec ces barbelés contre les boucs maléfiques ou ces blanchâtres zombis qui vous épient par les fentes des volets. A-t-on jamais pu se pencher sur une autoroute aux heures de furie, sans éprouver une attaque foudroyante de libido, je veux dire l'irrépressible besoin d'enjamber la balustrade, en montrant pour la dernière fois sa culotte aux conducteurs, un rien les excite et pin-pon pin-pon, le tiroir-caisse givré médico-légal, ce vieil alcoolo qui trouve encore du plaisir à mater les corps sans vie, si c'est pas malheureux, si jeune, une petite fleur de jeunesse, regardez-moi ça comme elle est belle...

Je flottais, maman me donnait des conseils : lis la Bible, je la lisais. Je continuais là où elle s'était arrêtée, les fils d'Aram, Uts et Masch... Aucune ombre ne pouvait m'inquiéter. Dans la cabane j'étais à l'intérieur de moi, j'étais Jonas, j'étais la baleine. A la maison j'avais peur de tout, les chaises, les tables, les photos sous verre se brisaient, les portes remuaient, les murs devenaient transparents comme de la salive, les objets semblaient s'animer sans aucune aide extérieure, présage de dépression.

Avec ce premier baiser d'Arman je me suis de nouveau sentie motivée comme je l'étais dans ma cabane et j'ai eu la peur de ma vie. J'allais aimer ce garçon comme s'il était moi depuis toujours. Et s'il était moi, c'est qu'il avait partagé mes heures de solitude et mes voix secrètes en haut de l'acacia par-dessus la vieille autoroute fissurée. C'est qu'il me connaissait déjà. S'il était ma moitié d'autoroute, d'acacia, mes gosses ne faisaient pas le poids à côté d'Arman, elles n'avaient jamais vu d'un œil gourmand l'engin noir de l'Equipement s'approcher sur le bitume, œil gourmand, cœur battant...

J'allais aimer Arman plus qu'elles, mon Dieu.

Quand on flotte à l'extérieur de son corps on change de voix. Vous avez remarqué ? Je n'ai pas toujours les mêmes intonations. Si je ne flottais pas ma cervelle exploserait. Gamine, je flottais déjà. Pourquoi je vous dis ça à vous ? Même Arman ignorait mon aptitude à partir, changer d'intonation, de rêverie. Tu parles d'une drôle de façon, il me disait. Ça le faisait fondre et quand il fondait il était tout dur, on peut se dire ça entre femmes. T'as la voix d'une fillette de cinq ans. Oui, Arman, cinq ans, six ans, le petit singe en vadrouille en haut de l'acacia. J'aurais pu lui dire, à lui, que je flottais ailleurs, mais plus bête qu'un homme... Il m'aurait pris pour une attardée. Et pourquoi pas, madame ? Qu'est-ce que ça peut faire, être fou, si ça permet de vivre des choses qu'il faut vivre absolument pour être seul avec soi-même ?

Manger c'est le mot-clé. Manger, être mangé. Y'a pas que la nature qui a horreur du vide, et de quoi on a horreur, nous les femmes ? A l'école j'ai souvenance qu'un jour ils ont découvert dans mon sac un sandwich au saucisson sec qui a atterri sur le bureau de la directrice. Personne n'osait y toucher. Ils joignaient les mains pour le regarder. Ils priaient. Ils me demandaient si c'était la première fois que j'en mangeais. Moi je pleurais, je réclamais mon sandwich au saucisson, voleurs de sandwich ! La gifle qu'elle m'a collée, la directrice, la soufflante qu'elle m'a poussée dans les tympans : petite crapule, petit monstre, petite voleuse d'ingrédient sacré, petite sacrilège... Je saucissonnais avec le corps de Jésus, avec les rondelles blanches dont j'avais saisi un stock à la sacristie, des hosties bien alignées sur une couche épaisse de Savora. Mangez mon corps, buvez mon sang. Ce n'est pas moi qui l'ai inventé. Si on vous aime, on vous mange.

Ils font comment, les végétariens ? Ils vénèrent un baobab ? Un roseau ?

Il m'aimait tellement, mon Arman, mon chrétien d'Arménie. On avait la même éducation : mange Arman, mange pour être aimé... Il avait un chien, un rottweiler qui s'appelait Scott. Il avait avec ce chien des rapports écœurants. Il faut avoir vu un rottweiler rouler une espèce de galoche écumeuse à son maître pour comprendre ce qu'écœurement veut dire. Et ensuite il aurait fallu que j'embrasse Arman, que je tolère les papouilles de Scott, le plus hygiénique des animaux, et qui me faisait presque un honneur en me bondissant dessus, sur moi la prostituée...

Pour Morgane, et aussi pour moi, j'exigeais que Scott ait sa muselière quand il venait chez nous. J'ai prévenu Arman que s'il continuait d'amener sa bête sans muselière j'achèterais un fusil. Comment un fusil est-il entré dans la maison ? Je n'ai aucun permis pour me procurer une arme et je ne me voyais pas baratiner l'armurier. Une femme, acheter un fusil... Un jour, Arman s'est servi dans mon jean. C'est lui qui s'est payé la Winchester, il m'a présenté ça comme un cadeau pour nos deux ans d'amour. On a mangé des coquilles Saint-Jacques, comme le premier soir où on avait dîné tous les deux, et il m'a demandé si je me sentais prête à lui faire un enfant. Il a dit : une fille... Fille ou garçon, pour moi c'était pareil. Je ne voulais plus être enceinte et ce soir-là j'étais énervée à cause du fusil, et aussi à cause du chien qui se baladait la muselière ballante sous la gueule.

« Il va nous servir à quoi ce fusil ?

– A tuer Scott, chérie. Le jour où Scott commence à s'intéresser à Morgane d'un peu trop près, tu l'abats froidement. Le mieux serait que ce fusil soit toujours chargé, et bien en évidence à côté du buffet.

– Je voudrais que tu remportes ce fusil.

– Où ça ? Dans ma petite chambre au-dessus du garage ? Il est bien plus utile ici. Une arme de première catégorie. »

Je lui pardonnais tout. Il avait un projet d'agence de sécurité pour hommes politiques, un secteur en plein développement. Avec quelques anciens de la Légion, ils constitueraient un groupe chargé d'assurer les protections rapprochées. Qu'est-ce qu'il attendait ? D'être moins paresseux ?

« Rapporte-le à l'armurier.

– C'est toi qui l'as repéré dans la vitrine. Le seul fusil à crosse argentée, tu te rappelles ?

– On n'en a aucun besoin.

– C'est une pièce de collection. Scott aussi est une bête de collection. Je suis un partenaire sexuel de collection. Et toi... »

Je comprenais qu'il était furieux contre moi derrière cette ironie.

« ... tu es une collectionneuse tout court.

– Veuve poignet, ce soir, tu peux dégager !

– Te violer avant de partir... Et puis non, tu n'attends que ça. »

Il s'est barré avec Scott. Pour la première fois j'ai remarqué qu'il existait une ressemblance entre mon père et lui. La feignantise. Un feignant, il annonce toujours qu'il va s'y mettre, il dit qu'il s'y met, il croit qu'il s'y est mis, il a toujours une excuse béton pour que ça foire, il joue la baraque, il s'endette, il met tout le monde à poil mais tout le monde a tort sauf lui.

Arman a téléphoné, je n'ai pas répondu.

Laissé un texto : JE NE DIS PAS QUE JE NE VAIS PAS REVENIR TE VIOLER CETTE NUIT. SUPPLIE-MOI GENTIMENT.

Il savait ce qu'il disait. Je suis partisan d'un minimum de mystère, quand on raconte ses antécédents sexuels à l'homme qu'on aime, mais il était malin, il en avait assez appris pour deviner que j'étais particulièrement sensible sur la question du viol, qu'il ne fallait pas trop me bousculer avec ce mot VIOL, et que toutes mes vieilles fragilités pouvaient me désintégrer encore une fois.

Si je flotte à l'extérieur de mon corps c'est pour écouter les conseils de maman. C'est aussi pour m'extraire d'un corps qui me répugne aujourd'hui. On a beau toujours le rincer à l'eau froide, le récurer, il est aussi répugnant. Je flotte le plus loin possible et je ne serais pas étonnée si j'avais besoin d'être morte, en tout cas de ne jamais revenir à l'intérieur de ce corps-là, vous comprenez ? Vous comprenez ? Vous comprenez ? Vous ne comprenez rien, vous ! Vous n'avez jamais été violée, vous, par un feignant qui ne prend même pas la peine de vous essuyer après avoir envoyé sa putain d'éjaculation ! Je vous pose la question : vous avez été violée quand vous étiez petite ? Répondez-moi ! Vous vous souvenez quand il vous transperce et que l'autre connard il vous disloquerait, il vous disloque, il va jusqu'au bout du truc un soir où il est riche en purée, c'est tout pour vous, la purée, mais c'est à vous d'essuyer l'hémorragie, feignant mais délicat, essuyer c'est un boulot de femme.

J'ai mal aux yeux, je m'endors... Pourquoi je vous raconte ça, moi ? Pourquoi vous l'écoutez ? Vous êtes sacrément patiente, dites donc... Vous attendez le moment où je vais me planter ? Vous me prenez pour une idiote ? Excusez-moi, c'est sincère, je ne veux pas être impolie. Après tout, si je n'avais pas voulu signer ce papier d'autorisation pour vous rencontrer j'étais libre, ce n'est pas moi qui suis venue vous chercher. Il est bien, au moins, l'hôtel où vous créchez ? Tout le confort ? Eau et gaz à tous les étages ? Petit déjeuner servi dans la chambre ? C'est les deux oreillers, moi, dans les lits d'hôtel, que j'apprécie. Pour se battre en sautant comme des pingouins sur le matelas. Ça creuse l'appétit, les poumons, il y a toujours un connard de veilleur de nuit pour vous mettre à chauffer du riz surgelé dans un micro-ondes planqué sous le comptoir d'accueil. C'est qu'elle m'écoute, en plus ! Je baratine, je baratine, elle peut tenir combien de temps, comme ça, à m'écouter baratiner ?

On fout le camp maintenant, compris ? On m'a assez mis la tête à l'envers. Ça commence à schlinguer, cette histoire-là..

12.

Quinzième jour.

J'ai préféré vous faire une lettre, aujourd'hui. Je n'avais pas le cœur à regarder l'objectif, surtout pour vous dire ce qui me vient à l'esprit, ce matin six heures, au sujet d'Arman. Je n'irai pas jusqu'à dire un menteur au sujet d'Arman. Vous savez bien comme ce mot, ce juron, nous vient facilement à la bouche, à nous les femmes, quand nous parlons d'un homme qu'il faut sortir de sa vie. Il faut bien qu'il soit un menteur pour en sortir sans que nous perdions la face.

Il gardait pour lui une honte qui l'amenait à dire n'importe quoi sur sa famille, ses parents. Son père travaillait sur une base amphibie top secret, la niche des sous-marins nucléaires français, quelque chose comme l'île Longue, à l'entrée du goulet de Brest. C'était là-bas, tout gosse, qu'il avait appris à tirer. A d'autres moments son père avait un élevage canin dans l'Yonne, et depuis cette époque les aboiements lui portaient sur les nerfs. Il avait dressé son rottweiler à attaquer sans la moindre manifestation gutturale. Un de ses copains arméniens m'a raconté qu'il avait perdu sa mère, lui aussi, et que son père avait rue Bleue une espèce de petit snack de spécialités orientales, le Sultan. Arman avait travaillé pour lui comme tailleur de kebab, avant la Légion. C'était sa honte, son mystère. La honte, c'est la honte. Avec moi, toujours très poli, légèrement hautain ou snob, comme il convient au fils d'un agent naval de la Sécurité nucléaire. Toujours très bien habillé, les souliers cirés, jamais de baskets, très préoccupé par ses cheveux et la raie dans ses cheveux. Sa mère l'avait rendu fou, disait-il, l'interrogeant sur chaque détail de ses journées, son intimité, une authentique mère partie d'Arménie, qui le traînait chaque jour à la messe, car on doit bien ça, cette messe matinale au pays chrétien qui vous recueille, cette messe au lever du jour, cette chaîne d'or autour du cou, cette croix de fierté pour l'exilé qui veut faire honneur au pays d'accueil. Il était timide, elle sortait un peigne et le repeignait devant ses copains, le mouchait, lui rajustait son col ou ses manches, l'embrassait, il ne pouvait passer devant elle sans qu'elle le touche. Il m'a raconté que sa mère l'étouffait, et que s'il était parti dans la Légion, à dix-sept ans, devançant l'appel, c'était pour fuir sa mère qui l'étouffait. Il était en mission au Brésil quand il apprit qu'elle ne s'était pas loupée. Fenêtre et cachets, les deux. Fenêtre, moi, jamais. Le vertige c'est pire que la mort. Arman ne supportait pas qu'on lui touche les cheveux. Il m'aimait tellement qu'il avait parfois la trouille de m'aimer autant qu'il avait aimé sa mère avant moi, ce qui me rendrait sacrée, je veux dire mon corps, il serait fichu pour le désir. Il fallait sans cesse inventer des trucs pour chasser la mère des environs, faire l'amour devant des cassettes porno, aller rêver dans des boutiques spécialisées, parler de sexe tout le temps, mais dans l'obscurité, raconter ses fantasmes, oh oui, les fantasmes d'enfance, comment le sexe était apparu dans ma vie, à quel moment je n'avais plus fait que penser à ça. Là-dessus j'avoue qu'il ressemblait à mon père, et d'ailleurs il me soupçonnait....

13.

Seizième jour.

Je dormais à moitié quand j'ai fait cette lettre. Je ne l'ai pas relue. Je suis sûre qu'elle est bourrée de fautes... J'avais la crampe de l'écrivain... De toute manière qu'est-ce que j'aurais pu ajouter ? Qu'il avait acheté le fusil pour me tuer ? C'est vrai qu'il l'a dit. Je me rappelle tout. Le problème, avec moi, c'est que pas un mot n'est dit sans qu'il reste en moi, je m'en souviens. C'est fatigant pour les autres, malheureux pour moi. « Le jour où je ne te désire plus j'te colle deux pruneaux. Un dans le ventre, un dans la tête. Et ça m'étonnerait qu'après ça je n'aie pas envie de te sauter. » Il avait des phrases violentes, toujours très poli, très doux.

Par bien des côtés il me rappelait mon père. Arman je l'aimais, mon père...

Arman c'est le seul homme que j'ai aimé, comme on dit : avoir dans la peau. Il y sera toujours, dans ma peau, il y est. Mon premier mari, un garçon bien, un fonctionnaire des Impôts, fonctionnaire à l'entrée, c'était autre chose. Je le respectais. Il arrivait bien à l'heure. Avec lui j'étais une femme au foyer, une bourgeoise. Je m'ennuyais gentiment devant la télé. Il s'est durci à la naissance de Morgane. Il s'est mis dans la peau une jalousie qui n'avait rien à voir avec l'adultère, persuadé que je donnais tout mon amour de mère à Viviane, rien à sa fille. Cet homme si gentil, devenu retors, méchant.

Un soir on dînait chez ma grand-mère Andrée avec mes filles et des amis. Le repas finissait quand mamy s'est énervée, comme quoi mon père n'aurait sûrement pas dit non si j'avais été d'accord pour l'inviter.

Et comme quoi je n'avais pas toujours fait ma chochotte avec lui.

Et comme quoi il se vantait d'avoir eu des liens conjugaux avec moi, moi l'effrontée.

Et comme quoi c'était moi sa femme quand ma mère ne l'était plus.

Mon mari, l'homme très bien, le fonctionnaire des Impôts, vous croyez qu'il aurait dit : on s'en va, chérie, on ne reste pas ici où l'on cherche à t'humilier. Mon mari a continué à tirer calmement sur son cigare, comme s'il était ailleurs et tenait à y rester. Ma grand-mère a parlé de ces fameuses relations que mon père n'aurait pas inventées, tout de même, ça ne s'invente pas une gamine qui séduit son propre père, qui profite de ce qu'il est en deuil pour coucher avec lui...

Mon mari était toujours assis, complètement absent. Je pense qu'il était déjà au courant par ma grand-mère.

Je me suis levée tremblante. Je leur ai dit quelque chose à tous avant d'y aller. Je sentais bien qu'il y avait derrière ça des années de petites vengeances complotées au détriment d'une fille qui les jugeait, qui restait en dehors des beuveries et des karaokés, des barbecues, des strip-teases de sexagénaires bourrés et répétait qu'elle s'en échapperait du maïs et du tabac, de leur cercle vicieux. Elle voulait croire qu'elle s'en sortirait, qu'un jour elle croiserait le bon regard de quelqu'un. Sa mère voulait partir d'ici : elle partirait. Je leur ai dit...

Je leur ai dit que si ma mère en avait l'occasion, elle reviendrait les tuer un à un. Je les ai vus d'une pâleur de bougie. Je leur ai dit que ma mère était là, qu'elle avait tout entendu, et qu'à partir de maintenant leurs heures étaient comptées. J'étais mauvaise, je crois, je ne respirais plus. Je suis restée toute muette à les regarder, serrant contre moi ma fille Morgane, pour bien laisser à maman le temps de faire monter la pression dans la salle à manger, de commencer à les tuer.

Je leur ai dit : pour l'instant vous crevez de peur, ce n'est qu'un début, attendez la suite...

Quand je vous disais que la prostitution je la devais à mon père, à mon fumier de père.

On est parties. On s'est pris un premier étage sur cour à Massy-Palaiseau. Pour payer la caution j'ai couché avec l'agent immobilier pendant trois mois. C'est grâce à lui que j'ai découvert le plaisir sexuel. Ma première prostitution... Je vous assure qu'elle m'a rendue très heureuse. J'aurais aimé qu'elle durât toute la vie. Il y a manière et manière de faire le métier. C'est en mettant du cœur à l'ouvrage que l'on obtient les meilleurs résultats. Le négatif c'est les idées qu'on a sur vous, l'opinion publique. On a peur des prostituées...

A quoi vous pensez ? Je me demande bien à quoi vous pensez. Vous m'avez posé une question, je crois ? Non ? Vous êtes sûre ? J'aimerais fumer. Le chewing-gum, à la longue... Excusez-moi, je commence à flotter... Je repense à des trucs... Vous m'avez soupçonnée d'un truc, vous. Si si... Pas très joli, enfin passons. Je m'en fous de la caméra, je n'ai rien à vous reprocher. Vous savez bien, nous, les femmes, et pas qu'à la campagne... On vient au monde, on est parées. On sait se servir d'un cheval, d'un homme... Eux, les hommes, pas assez d'une vie pour faire un bon cavalier...

Au fait, de quoi vous m'avez soupçonnée ?... C'est les yeux d'Arman, ça, tout à fait les yeux d'Arman quand il commençait à s'imaginer comment c'était avec mon mari, pour moi, avec le père de Morgane... Si je l'aimais vraiment je devais faire un effort de mémoire et lui donner les détails pour qu'il puisse imaginer la scène comme si j'y étais encore et comme s'il me regardait au lit avec un autre, et comme s'il m'entendait crier mon plaisir et peut-être bien plus fort qu'avec lui.

Il en manquait un morceau, l'autre jour, quand je vous ai dit qu'Arman était parti. Vous vous rappelez ? Je parie que vous étiez frustrée. Vous n'étiez pas sûre que j'y reviendrais et que ce morceau je penserais à le recoller. Il a passé la nuit à rôder sous la fenêtre, à m'appeler, à lancer des cailloux dans les vitres, à dire pardon. Il montait l'escalier, secouait la porte et trifouillait dans la serrure. Il m'insultait à voix basse en disant qu'il me voyait, puis il recommençait à gémir. J'espérais que le voisin allait appeler la police, mais il avait peur d'Arman. Il ne comprenait pas que moi, une femme si bien, je puisse afficher des sentiments pour cette espèce d'Arménien qui ne disait même pas bonjour.

Il est monté une dernière fois. Il a collé sa joue au carreau de la porte. Il a dit que mon odeur d'effrontée parvenait jusqu'à lui. Toutes ces choses de l'enfance qu'on dit par amour quand on a rencontré l'homme de sa vie, il me les a ressorties en imitant mon père, il se moquait de mes secrets d'enfant, chienne, effrontée, putain, vicieuse comme ta mère, espèce de feu au cul.

« Je ne t'ai jamais aimée.

« C'est ton odeur que j'aimais, c'est tout ce que j'aimais chez toi. Elle me dégoûtait, elle m'excitait.

« Une odeur à exciter les chiennes, une odeur de baise.

« Hé Rosyne, ton propre père, ça l'excitait, cette odeur de chienne.

« Ton propre père tu lui tournais autour, il en était malade, le pauvre homme, il n'osait plus rentrer chez lui.

« C'est comme un viol, figure-toi. Tu lui tournais autour avec ta puanteur de baise, et il se défendait, te traitait d'effrontée.

« Tu attendais le moment où il n'en pourrait plus, où il te voudrait tellement qu'il n'en pourrait plus.

« C'est mal de violer son père, Rosyne. Même les dix Commandements n'y ont pas pensé. Nous, à Cayenne, on t'aurait pendue. Ta mère en est morte, avoue-le.

« Et après sa mort, avoue-le, c'était toi, la femme de ton père, dans la petite baraque au milieu des feuilles de tabac. Dans le grand lit des parents c'était qui ? C'était toi. »

Il ne criait pas mais c'était pire, il chuchotait, ça faisait comme si le silence était d'accord avec lui, comme si tout le monde écoutait dans la nuit.

« Avoue-le, Rosyne, ouvre cette porte et ose dire que ce n'est pas vrai. Que tu n'as pas été la femme de ton père.

« Que ta fille n'est pas la fille de ton père, de son grand-père.

« Que ta fille n'est pas ta sœur ou ta demi-sœur, et la demi-sœur de tes frangines, tu parles d'un merdier !

« Allez, Rosyne, ouvre cette porte et dis-moi comment ça fait la première fois avec son père. Après je m'en vais.

« Je peux tout comprendre, et si c'était mieux avec ton père qu'avec moi : c'était mieux... Ça devait être un chaud lapin vu les chaleurs de sa fille, et si vous étiez bien ensemble, c'est votre histoire à vous... Ça vous regarde après tout.

« Mais alors, pourquoi tu t'es mise avec moi ?

« Ouvre cette porte et tu réponds juste à cette question, après je m'en vais : pourquoi moi après ton père ? Et d'ailleurs, pourquoi tu l'as quitté ? C'est lui qui t'a plaquée ? »

Je flottais... Ah bon, moi j'avais fait tout ça ? Moi j'avais poussé ma mère à mourir, pour prendre sa place dans le grand lit des parents ? J'avais vu ma mère perdre son sang comme une bête et j'étais tombée enceinte en couchant avec son mari ? J'étais allée mettre au monde une fille de mon père au sous-sol de la maternité, c'est bien ça ? Si c'était ça je ne méritais plus de vivre, moi, non non. J'ai pris le tube de Nembutal et je me suis endormie pour toujours. En fermant les yeux j'étais sûre qu'ils ne se rouvriraient plus, cette fois, tout allait si vite, imaginez-moi le jour des obsèques, mes cheveux blonds tirebouchonnés à l'anglaise, la robe à losanges verts et noirs, des cerises en boucles d'oreille, mon bonheur, à l'époque j'étais la plus angoissée des filles...

Je suis revenue au monde après deux jours de coma, dans la soirée. C'est la télé qui m'a donné le jour et l'heure, elle était restée allumée, elle me tenait compagnie.

J'avais déjà connu cette sensation, c'était la même sensation, d'ailleurs, le même retour avec la même douleur exactement... J'étais malheureuse, mais pas surprise. J'entendais le chantonnement d'une voix d'enfant perdue quelque part dans mon cerveau.

J'ai commencé par essuyer le sperme, enfin par me laver. Je voulais appeler Arman quand je serais tout à fait propre. Je me suis lavé les cheveux, douchée à l'eau froide, à l'eau brûlante, j'ai frotté ma peau au gant de crin, mon corps me répugnait, j'avais l'intérieur comme du feu.

J'ai appelé Arman :

« Pourquoi tu l'as fait ? Qui va payer le serrurier ? T'as tout cassé. T'as les sous pour changer la serrure ?

Et pourquoi t'as repris tes affaires ? Tu veux me quitter ? Je t'aime Arman. »

Je n'arrivais pas dire : pourquoi tu m'as violée ? Je n'arrivais qu'à répéter : tu as cassé ma porte, Arman, n'importe qui peut entrer, maintenant je vais avoir peur. Et j'explique ça comment, à mes filles, quand elles vont rentrer lundi ? Je vais leur dire : Arman a cassé la porte ? Elles ne me croiront pas.

Je lui posais des questions sans lien avec les sentiments que je sentais en moi, des vagues de haine, ça montait, ça partait, brûlait.

Je disais : je t'aime, à cet homme que je haïssais, et tout en lui parlant j'avais envie de retourner me doucher encore une fois.

« Tu as ta petite voix d'enfant », il a dit.

C'est tout ce qu'il est parvenu à déclarer. Qu'ils sont bêtes !... Ma petite voix c'est la pire, et ce n'est pas moi qui choisis. C'est quand je retourne là-bas chez mes parents et que je me sens vieille, mourante et souillée à même pas douze ans, avec l'ombre d'un homme au-dessus de moi qui pour la première fois, devant mes cousins et mon oncle, me traite de chienne en chaleur. Sûr qu'il se demandait comment je pouvais avoir ces intonations de fillette après ce qu'il m'avait fait. Qu'est-ce que vous croyez, j'avais envie de le prendre dans mes bras. C'était tout mélangé, tout flou, ça chantonnait. J'étais malheureuse pour lui qu'il ait tout cassé dans nos vies. Je revoyais mon dessin de Perrette et le pot au lait à la communale, et les vagues de haine me soulevaient, me déchiraient.

C'est d'une telle précision, les images, quand la peur ou je ne sais quoi d'humain les a photographiées dans la mémoire. Je n'arrivais pas à me séparer d'Arman, il n'arrivait pas à raccrocher. Je pense qu'il voulait demander pardon. J'étais à la cuisine affalée par terre, c'était sale, bordélique, des torchons, des miettes, des taches de sauce, il avait dû pique-niquer après m'avoir violée, manger un bout comme il disait, la porte du congélateur entrebâillée, tout fondu, ramolli, les crêpes au jambon des filles on pouvait les jeter, on pouvait tout mettre aux ordures, ça chantonnait, tu as tout cassé, Arman, tu m'as violée et tu t'es fait un bon petit gueuleton et sans doute que tu m'as reviolée ensuite.

Tu es un vrai homme, Arman, une bête. Tu baises, tu manges, tu rebaises après, c'est ce qu'on appelle un homme, nous les filles, dans notre jargon de groupie. Dommage que je n'aie pas été là pour en profiter, pauvre conne endormie. Dommage que tu aies baisé une espèce de cadavre. Un vrai homme, Arman. Tu peux même baiser les cadavres. Il y a des producteurs de cinéma qui paieraient cher pour t'avoir. Qu'est-ce que tu ne pourrais pas baiser ? Ta mère ? Ton chien ? Imagine qu'ils soient consentants. Des vagues de haine en moi, des vagues de douceur, tellement de larmes, l'envie de le serrer dans mes bras, de le battre à m'épuiser, au moins si j'avais pu effacer la douleur de mon ventre, quel salaud ! C'était du joli, cet évier débordant, ça gouttait bruyamment, ça sentait, ça luisait aux rayons du soleil couchant, des bols, des couverts, mon tube de Nembutal flottant au milieu des mégots et des nouilles dans une poêle remplie d'eau. Plus rien à tirer, pas le plus petit vermisseau, la nuit tombait dans le jardin, chez moi c'était panique et douceur. Que n'importe qui me prenne la main, me relève et m'emmène où il veut.

« T'es toujours là ? »

Je suis descendue frapper chez mon voisin, M. Cardona. Je l'ai supplié d'ouvrir. Arman pouvait m'entendre supplier. Le prof n'était pas chez lui.

« Monsieur Cardona est absent, je suis seule, viens dormir avec moi s'il te plaît. N'importe qui peut venir cette nuit. »

Depuis combien de temps avait-il raccroché ? Je l'ai rappelé, je me suis défoulée sur sa boîte vocale, je lui ai demandé pardon.

La première chose que j'aie vue en remontant chez moi, sainte Mère de Dieu, c'est une merveille de beauté appuyée au meuble du téléviseur. Une crosse d'argent luisait. La Winchester de Buffalo Bill. Je l'avais oubliée. Le miracle. Vous n'avez plus un gramme de Nembutal mais vous trouvez un fusil gravé à vos initiales au centre d'un cœur. *Il m'avait dit qu'il me graverait les siennes sur les seins. Il avait la technique, aucun risque d'infection.* Les balles sont dans la boîte à sel au-dessus du buffet. Vous n'êtes plus seule. Vous avez peur de mourir, mais vous êtes aussi la peur de celui qui viendrait vous faire des ennuis. Vous êtes le danger.

J'ai laissé un message à Arman : ça va, je ne suis plus seule. Puis je suis allée me doucher, ça me répugnait ce relent d'ammoniaque sur moi, cette petite hémorragie de rien qui ne pouvait s'arranger qu'avec de l'immobilité, des heures et des heures de sommeil profond.

Quand mes filles ont téléphoné j'avais presque une voix normale au début. Viviane m'a passé la petite qui m'a dit qu'elle m'aimait très fort. J'ai eu le temps de raccrocher avant qu'elles ne m'entendent sangloter. Je leur ai balancé un SMS. Je n'arrivais plus à leur parler sans pleurer.

J'ai monté le son du téléviseur. J'entendais un bruit dehors, un grincement peut-être imaginaire, je n'étais pas sûre qu'il soit contraire à la normale. Avec la télé à fond, j'allais vite l'oublier. C'était peut-être M. Cardona qui regagnait ses pénates ou se dégourdissait les jambes, peut-être un chat. Je sais que la dernière chose à faire dans ces cas-là c'est tourner la tête et surtout regarder une porte vitrée. On est à la merci d'une illusion quand on a peur, et moi pour tout arranger j'avais la fièvre, le cœur en loques, ça chantonnait. Qu'est-ce que j'aurais vu ? Mon père ? Un fantôme ? Une face de clown ? Personne n'aime voir un clown sourire à minuit derrière le carreau.

Je flottais, je demandais conseil à maman, je l'invitais à se moquer d'une petite conne affolée par un gémissement d'escalier qui n'a rien d'autre à faire que gémir jusqu'à ce qu'il pourrisse, qu'on le hache en mille morceaux pour le mettre au feu. Maman ne répondait pas mais ça chantonnait. C'est fou comme on nous ment sur la mort... Il y a quantité de choses qu'on ne dit pas sur la mort, et la plus douloureuse c'est le temps que prennent les êtres à mourir dans ton cœur après qu'ils sont morts. Là ce n'est plus une question de petites fleurs au cimetière, il y a ceux qui meurent et ceux qui ne meurent jamais. Ceux que notre amour garde en vie. C'est un secret, tu vois, les êtres que tu aimes vraiment n'ont pas le temps de mourir dans ton cœur. Maman ? Enterrée sous les fleurs, aussi vivante que moi, toujours là pour me venir en aide. Ecoute-moi, c'est un secret. Je flotte et maman trouve les mots pour toutes les situations où l'on cherche noise à sa fille, à sa toute petite fille en robe à losanges verts. Elle ne se pardonne pas de l'avoir vue pleurer le jour des obsèques. Ecoute-moi bien, c'est un secret :

Eteins la télé, coupe le son, retourne-toi sans crainte...

... Arman était sur le seuil, immobile, sans regard. Une ombre, les mains dans les poches. Je lui ai interdit d'avancer. *Je t'interdis de me toucher, sors de ma chambre.* Ça chantonnait dans mon cerveau.

... C'est peut-être le fusil qui l'a rendu prudent, peut-être mes yeux ou ma petite voix d'exorciste enfantine. Le relent d'ammoniaque, il le reniflait, l'odeur de chienne... La haine, la dureté que j'éprouvais sous ma peau... Le voir devant moi, arrivé, en douce, en rôdeur. *Touche-moi encore une fois et je vais à la police.* C'est comme si toute ma vie, toute ma vie depuis toujours, mon enfance... Comme s'il n'était plus pour grand-chose dans cette violence qui m'aveuglait. *Touche-moi une seule fois et je te tue.*

Il a mis la main devant ses yeux, doigts écartés, je voyais sur ses lèvres qu'il me suppliait de le laisser en vie, c'est à ce moment-là que très loin dans un bruit sourd ça a tiré, personnellement je n'ai pas entendu grand-chose.

Que moi j'aille tirer sur l'homme que j'aime plus encore que mes enfants c'est impossible, déjà qu'un fusil j'arrive à peine à le soulever. Est-ce que je savais seulement qu'il était chargé, moi, son Buffalo ?...

La balle a traversé les doigts d'Arman, le sang a jailli par la bouche, il a levé l'autre main pour stopper l'hémorragie, et je pensais que dans l'immédiat c'était la meilleure chose à faire, moins il y aurait de sang dehors moins il serait blessé.

Je l'encourageais, le plaignais, toute ma douceur et tout mon amour chantonnaient dans mon cœur, mais ça va si vite alors, et l'autre balle a fracassé l'autre main pour finir sa course dans l'œil d'Arman... Il est tombé en arrière dans l'escalier jusqu'à terre et je me suis précipitée pour le serrer dans mes bras.

Une vapeur grise, je l'ai vue monter. Un fil de vapeur lui sortait des narines, et malgré moi j'ai compris que la vie s'en allait, que j'étais en train de regarder la vie s'en aller pour toujours du corps de mon amour. Je ne pouvais pas laisser la vie d'Arman disparaître, sans moi je ne sais où, je n'allais pas rester seule encore une fois, j'allais monter avec lui, j'ai voulu ramasser la Winchester et c'est alors que M. Cardona est arrivé.

13.

C'est M. Cardona, le professeur de physique-chimie, mon voisin, qui m'a désarmée.

On a retrouvé deux douilles de métal argenté sous l'escalier.

Dans sa déposition à la barre, M. Cardona a parlé d'une jolie femme à peu près nue qui fredonnait dans l'escalier, un fusil dans les mains.

Il dit lui aussi qu'il n'a pas entendu les coups de feu, mais qu'à un moment il a bondi hors de son lit, comme un somnambule et comme si ma voix lui parvenait dans son inconscient.

M. Cardona dit qu'il m'a reconnue comme étant sa voisine, et que je lui ai demandé si c'était vrai qu'il partait vivre aux Indes. Avec tout ça il n'est pas encore parti.

Histoire 2

Le Prince Kobold

Quand ça va, ça va... Débit normal, j'ai mon petit accent bordelais,... Mais quand mes nerfs s'affolent c'est une autre paire de manches. Je me recroqueville entre les pages d'un livre, je me fais bernard-l'ermite au fond du bigorneau troué. Là, je cherche des mots pour me souvenir, dame oui. Quand j'ai troué les mots, je sais à qui les raconter.

Martin Morell, cellule 205.

1.

25 mars 2000, 7 heures 30.

On a beau l'avoir prévenue, elle est sidérée quand la porte s'ouvre. Un homme à plat ventre sur le sol contemple une étrange chorégraphie. Un carrousel miniature, un jeu de croquet, une piste de carton avec des boîtes d'allumettes en guise d'obstacles et de portes, où des souris blanches galopent en rond, comme ayant le feu au derrière. L'homme émet une espèce de sifflement d'oiseau : les souris s'immobilisent et restent figées telles des objets mécaniques. Un deuxième sifflement et, faisant demi-tour, elles se remettent à courir sans que jamais l'une cherche à rattraper l'autre. Au troisième sifflement, elles vont se ranger le long du mur.

« Merci mesdemoiselles, dit l'homme en se relevant. Vous avez fait beaucoup d'honneur à l'adjudant-chef Morell. A présent, rompez. »

Il lance des miettes aux souris.

Un dernier sifflement, elles disparaissent en file indienne dans un coffre de bois percé d'un trou. En haut, figure une inscription en lettres blanches :

VIOLON D'INGRES

2.

Deuxième jour.

... Sud-ouest, si l'on veut. Ouest-sud-ouest. C'est un accent bordelais. Les restes d'un parler bordelais. A Lacanau, on appelle ça les rogatons.

Mon père avait attrapé la voix pointue, sur Paris, dans sa vieillesse il retrouve l'accent.

A l'armée j'étais le *rossignol des Landes.*

J'ai eu très tôt la passion des armes, hé oui... Et du vin ! Ah oui du vin... L'alcool adoucit les mœurs, chez nous. J'étais armagnac, mon frère armagnac aussi, et mon père cognac.

La carafe de gnole au bas de la cave à liqueurs, un délice... Le parfum venait peut-être du bois tout imprégné d'alcool. Vous aimez l'alcool ?

Cette cachette en palissandre sous la bibliothèque où dormaient les trésors d'Ali Baba, de Napoléon, Balzac, Tolstoï, l'intelligence humaine, l'Histoire et les histoires, cette idée que la vie n'est qu'un rêve... Plus on vieillit, plus elle nous chagrine en tant qu'humains, la vie, s'attaquant à nos proches, à nous qui sommes les proches de quelques-uns, laissant nos organismes péricliter, dame oui, nos yeux ne plus voir, nos oreilles ne plus capter le chant des oiseaux, je vous épargne la suite, Madame, la fête sensorielle en deuil, les lampions mouchés un à un, la nuit.

On est pauvres, Madame, de toute une existence passée à vouloir allumer des lampions, à respirer les parfums, guetter le chant des oiseaux, le temps qu'il fait.

A dix-huit ans je ne voulais pas travailler.

J'avais prévenu chez moi que plus tard je ferais du stop mon métier. J'ai vraiment fait du stop après mon bac, en Ukraine et sous les tropiques... Au Costa Rica j'ai vu pour de bon briller une perle dans la paume d'un type qui a subitement refermé sa main... La chance est une perle rare, mon garçon, il faut la saisir à temps. J'ai entendu ces mots.

Après quoi Zorro est arrivé.

Zorro ?... Mon père.

Chez nous on avait des surnoms, Madame.

Ma grand-mère : le Grand Boucanier, à cause du teint cireux.

Mon père : Zorro, à cause des cernes violets.

La bonne : the Bird, logée sous les toits comme une vieille chouette.

Mon frère Jean-Claude : le Rombier ou le Manitou... Je le suivais sur le sentier de la guerre.

Moi j'étais le Chouan, la Fouine.

Le chien tibétain c'était Shi-ki. Nous l'appelions Kishi. On ne croisait pas mon père sans croiser

Kishi... Un roquet. Il avait peur de nous, de mon frère et moi. Mieux valait pour ce mouchard ne pas nous traîner dans les pattes.

Mon pauvre fils ! Zorro m'a dit : Tu ne feras pas du stop toute la vie. Il faut prendre un métier. J'ai devancé l'appel et fait l'armée, j'y suis resté vingt ans. Après je me suis marié.

Ma femme s'appelait Nadia... Surnommée Doushka par les siens, des Allemands. Une jolie blonde, ah ça oui, championne de patin à glace... J'aimais beaucoup ses oreilles, ses mains, ses attaches fines...

Je me suis marié pour oublier l'armée. Vingt ans au service des couleurs françaises.

Après oui, j'ai aimé ma femme, peut-être aussi fort que l'armée. Je la connaissais mieux qu'elle ne se connaissait elle-même. Je le dis parce que c'est vrai. Quand elle parlait : j'aurais pu dire avant elle ce qu'elle allait m'annoncer. Si je l'avais dit elle aurait nié, prétendu qu'elle n'allait pas dire ça... Ensuite elle reconnaissait. Elle s'excusait. A l'armée on apprend à s'excuser – *au temps pour moi.*

Je suis là pour seize ans, mais je peux me regarder honnêtement dans la glace... Je suis mon seul juge, le plus juste des juges, on est toujours plus féroce avec soi-même.

Qu'est-ce que je fais là ?... Si ma femme n'avait pas cherché à nous humilier, moi et mon amour...

Petit a ; petit b ; petit c.

Petit a : je suis tombé amoureux de la femme que j'ai épousée lorsqu'on m'a rayé des cadres de l'armée.

Petit b : le restaurant qu'on avait sur Auteuil a brûlé... Le Prince Kobold il s'appelait, son nom d'origine. Ma femme a disparu dans l'incendie.

Petit c : au tribunal des armées j'aurais eu un non-lieu, ça je l'aurais eu, je le sais. J'ai rendu la justice à l'armée, sur le terrain, j'en connais un rayon.

Voilà, Madame.

Je parie qu'ils vous ont dit que j'avais supprimé Nadia, c'est ce qu'ils prétendent. Moi j'ai ma version des choses, j'y étais.

C'est peut-être elle qui m'a supprimé d'abord ? On ne dit jamais le pourquoi du comment.

Vous êtes doux, vous êtes patient... Une crème avec la femme que vous aimez... Et qui vous aime autant, sachez-le, mais quand vous avez un roquet dans les pattes, qu'est-ce que vous faites ? Vous vous défendez.

Ma femme a vite compris que pour obtenir une réaction physique de ma part, elle n'avait qu'à faire le roquet. Elle le faisait très bien. Elle savait qu'à un moment ou à un autre j'allais réagir physiquement...

Oh c'est facile, ensuite, d'aller pleurer chez sa mère et de dire modestement : il a encore levé la main sur moi. Soi-disant qu'elle avait des bleus ou les poignets endoloris... Comme si je l'avais brutalisée sauvagement, mais elle disait avec modestie : il a encore levé la main sur moi, n'en parle pas à papa. Vous pouviez être sûr que dans la minute qui suivait, j'avais mon beau-père au téléphone... Après le roquet, le berger allemand.

« Vous n'avez qu'à demander à votre fille de ne plus faire le roquet. »

Vous m'imaginez en train de répondre ça ?

Je lui raccrochais au nez.

C'est toujours spectaculaire d'en venir aux mains avec sa femme, et c'est vous, forcément, qui avez l'avantage. Ce n'est pas le but recherché, mais vous l'avez... Elle ne veut pas s'arrêter, il faut bien qu'elle arrête... Vous êtes plutôt comme un infirmier qui doit maîtriser un simple d'esprit en crise... Vous cherchez d'abord à parer les coups, vous n'en portez pas ou jamais les poings fermés, hé non. Jamais.

Un soir, elle a voulu se jeter par la fenêtre, on était à l'hôtel, sur Londres, on devait acheter du vin français dans une vente... Nadia m'avait confisqué l'argent liquide, elle estimait qu'il était à elle et que les Anglais nous faisaient marron. Elle était en robe de chambre, pieds nus sur l'appui du balcon, prête à sauter si j'avançais d'un millimètre pour reprendre les billets qu'elle avait dans les poches.

Moi je dis qu'elle faisait son roquet.

Tu fais ton roquet, je lui ai dit : arrête de faire ton roquet... Parlons. Je l'ai ceinturée, poussée en avant, tenue au-dessus du vide pour qu'elle ait peur et lui donner une leçon.

J'ai dit que si l'argent était à elle, eh bien, elle pouvait toujours le manger.

D'une main je la ceinturais, de l'autre je lui mettais les billets dans la bouche et je disais : mange-les si vraiment c'est à toi. Les billets tombaient dans la rue... De grosses coupures de cinq cents francs... Elle s'est calmée.

Spectaculaire mais pas violent. Jamais violent.

Après les disputes, c'était la passion... C'est doux, les pleurs de la passion... Ce qu'il y a, chez ce genre de femme, c'est que les qualités se mélangent avec les défauts. Elle vous aime : elle est jalouse. Et d'autant plus qu'elle vous aime elle est jalouse.

Et d'autant plus qu'elle est dans vos pattes elle vous aime.

Et d'autant plus que vous l'aimez elle est dans vos pattes à faire le roquet jaloux.

Je ne l'ai pas supprimée, vous pensez bien. Je suis incapable de tirer sur un être humain... Même incapable de blesser une bête, un oiseau... J'ai mon permis de chasse, il est périmé. Mon père ne m'aurait jamais laissé l'accompagner aux palombières sans permis. Pour moi c'était un sport d'adresse, la satisfaction d'avoir bien visé... Mais du plaisir à tuer non, c'est les enfants qui tuent pour le plaisir, pas les humains.

J'aime bien l'objet, par exemple, une arme de bonne qualité, ce métal noir bleui, lourd au bout du bras, son parfum d'acier, de graisse animale... Toujours aimé les pistolets pour viser, m'exercer... A flèche, à plomb, chevrotine... Dans les fêtes foraines, l'odeur et la détonation des amorces, ça monte à la tête...

J'ai tiré ?... J'avais cessé d'exister quand j'ai tiré. J'étais hors de moi. Elle m'avait dit : NON pour l'anniversaire de ma gamine, Eva.

« NON, tu ne viendras pas.

– Pourquoi ?

– Tu ne fais plus partie de la famille, on s'est trompés avec toi. Tu es typique, mon vieux. Tu es provincial.

« Ton accent bordelais, si typique, provincial... »

A cet instant l'humiliation m'est montée à la gorge... je le voyais, cet homme humilié qui baisse le front, se laisse écraser sans réagir... La sensation d'avoir franchi une dernière limite... il vous reste quoi, comme issue ?

Le fait est abominable en soi mais on ne peut plus s'arranger, hé non ! ... Hé non ! ... Jamais tu ne pourras changer, car même si tu avais le temps et la foi nécessaires, tu ne veux pas devenir un autre homme, perdre l'accent... Même si tu voulais changer... Changer en quoi ? ... Une balle de 38 au fond de la gorge et l'accent s'arrêterait net.

Je vous l'ai dit, j'étais hors de moi... Elle m'avait dit NON, j'ai perdu la tête. Il paraît que j'ai vidé l'armoire à pharmacie de tous les anxiolytiques... Première nouvelle... Je me soigne à l'aspirine, un demi-comprimé, depuis l'enfance... Le grand Boucanier avait toujours dans sa poche une aspirine et un bonbon à la violette avec des brins de laine collés dessus.

Il paraît que j'ai renversé les bibliothèques, des centaines de bouquins qu'elle m'avait fait acheter... Deuxième nouvelle !... Quelqu'un qui n'est pas moi, je m'en souviendrais, a noyé les bouquins sous un flot d'essence et crac ! une petite alouf de fin du monde, mort aux livres ! On est dans la grande salle du Prince Kobold, la peinture à l'huile de Guinée-Bissau s'enflamme aussi... Celui qui se serait mis en travers de ma route, je l'aurais massacré...

On me colle aujourd'hui des souvenirs sous les yeux... On me tutoie... Ce sont tes souvenirs ! Ce sont les souvenirs d'un autre, pas les miens. On me sort un P38, il est à toi. Oui, il est à moi. Tu as tiré... Je suis incapable de tirer sur un oiseau. Il y a tes empreintes. Il y a mes empreintes, il y a mes gestes, il y a ma personne physique, tout ce que vous voulez, mais Moi, mon esprit qui dit : Moi, comme le vôtre dit : Moi, comme l'esprit de tout individu normal dit : Moi, cet esprit-là n'a jamais été présent sur les lieux du crime, et c'est la vérité... Quand on a traîné ses guêtres pendant vingt ans sous les couleurs françaises on regarde la vérité dans les yeux. On répond : c'est Moi quand c'est bien vous. En son âme et conscience.

Ce n'est pas un déni, Madame, la réalité est ce qu'elle est pour tous et pour chacun... Ma réalité ne croise pas les souvenirs qu'ils ont mis bout à bout pour m'inculper. Je ne les vois pas, ne reconnais rien.

Bordelais typique, là j'y suis, je retrouve Nadia... Je vois sa belle bouche se tordre d'ironie. Jusqu'à la salive.

C'est le mariage à Paris, la clé, pour entrer dans notre histoire... Faites-moi l'honneur de revenir demain, je vous raconterai ça.

3.

Troisième jour.

La première fois c'était chez Baccarat, le grossiste en porcelaine, rue de Paradis... Rencontre paradisiaque avec ma future épouse... Je venais de m'installer au Prince Kobold. J'avais besoin d'un avis pour la restauration des pièces de vaisselle ancienne et mon père m'avait recommandé Baccarat, maison qui l'avait fait travailler à ses débuts.

Les pièces de vaisselle, je les destinais à des vitrines éclairées dans le vestibule du pavillon, pas à la salle à manger. Il y avait notamment un service de la Compagnie des Indes offert par Ferdinand de Lesseps au père de l'ancien propriétaire, un banquier qui avait mis des sous dans le percement du canal de Suez.

J'allais voir Nadia pour la première fois.

C'est une femme que j'ai eue dans mon cœur au premier regard, mais il m'a fallu des mois pour me le dire... comme je vous le dis : au premier regard.

Je n'ai jamais retiré notre alliance de mariage. Elle fait partie de ma main, de moi, de nous... Vivants et après la vie. Je sais qu'à travers tous ses défauts Nadia ne pouvait aimer qu'un seul homme, et je n'ai aucun mal à vous déclarer qu'elle m'aimait. La trahison d'un si bel amour n'en est que plus douloureuse, me direz-vous. Je souffre encore, oh oui, il est des images ou des imaginations que je m'interdis chaque jour d'avoir sous les yeux.

Nadia m'a trahi, j'ai pardonné.

Le hall d'accueil était désert. Je suis monté au premier étage par un escalier sombre, et là-haut j'ai vu cette jeune fille travailler sur un ordinateur.

Je l'ai vue parce qu'elle me regardait. Il n'y avait personne à part elle et moi dans cette grande salle de bureaux à touche-touche, équipés chacun du même ordinateur, du même halogène noir imitant la tête d'une fourmi.

Pas un bruit. Nos regards se croisent, elle a les yeux bleus.

« Bonjour, excusez-moi... Je cherche le service raccommodage et restauration.

– C'est au-dessus, encore un effort. Mais ils sont tous en pause déjeuner. »

Qu'est-ce qui m'attire chez elle aussitôt ? Elle est blond vermeil, mais brune ou châtain ce serait pareil. C'est une jolie fille, naturelle et fraîche, avenante, elle me plaît, voilà tout.

Au début on ne se dit pas : la bouche est comme ci, les yeux comme ça, le sourire, les seins, la peau... On est pris dans un climat d'ensemble. A la rigueur on se dit qu'elle a du sex-appeal sans regarder aux détails... La bête aux aguets lance un message.

Une inaccessible beauté.

Aucune chance, à moins d'un naufrage et d'une île inconnue pour qu'elle s'intéresse à quelqu'un dans mon style. Si je n'aime pas mon style, pourquoi l'aimerait-elle – elle, si jolie ?

Figurez-vous qu'elle vient à l'instant d'envoyer un mail de séparation. Elle n'a jamais eu de chance en amour. Elle est à part. Elle se fout des modes et des magazines, des blogs qui font croire aux femmes à longueur de journée qu'il faut varier les plaisirs, éviter la peste des grands sentiments, recruter les amoureux d'un soir, et surtout rester libre le plus tard possible, avec ou sans enfants, pas trop tôt les enfants, pas plus d'un enfant.

Nadia veut un homme qui sera le sien jusqu'à la fin des temps, qu'ils soient de glace ou de feu. Et c'est moi l'homme qu'elle va désirer capturer.

« Allons voir quand-même, on ne sait jamais. Il y a peut-être quelqu'un qui fait régime. »

Elle se lève, elle est en jean délavé noir, elle ne sort qu'en jean délavé noir ou bleu, avec de beaux chemisiers échancrés. Il faut avoir les complexes d'infériorité qui sont les miens, à l'issue de vingt ans d'armée, pour ne pas lui tourner un petit compliment ou juste : vous êtes belle...

Je suis un client des lupanars, Madame, excusez-moi, jamais marié, vieux garçon dans l'âme et dans les faits, habitué aux amours payantes.

Une fois j'ai eu une liaison, fallait voir. Elle était belle à se mettre à genoux, les dents pourries par la fumée, l'insomnie. J'étais comme son père. J'allais la nuit la récupérer chez n'importe qui. Elle se droguait, m'accusait de la séquestrer, d'être un mac déguisé en saint-bernard. Elle voulait tout le temps sortir en boîte, danser, elle avait peur de la nuit, comme un enfant qu'on voudrait lâcher dans les bois. Ce n'était pas une veilleuse ou l'amour qui la rassuraient mais le crack ou la télé à fond.

Ça s'est fini qu'elle est partie avec un des types, je le bénis celui qui m'a délivré d'elle, je le plains. Ils ont fait un casse chez moi, pris mes plus beaux pistolets et mon fusil de chasse, et je n'en ai plus entendu parler.

J'ai suivi Nadia au fond de la salle, puis dans un escalier tire-bouchon qui grimpait, c'est la vérité. J'aurais dû passer devant, mais ça s'est trouvé comme ça, elle me précédait, j'en étais chaviré. Elle avait des nu-pieds.

« Pas un chat, désolée. »

Nous sommes redescendus, je me suis fait la réflexion qu'elle sentait bon, le shampooing tout frais du matin, une odeur enfantine comme en ont les blés. Elle m'a raccompagné sur le palier.

« Repassez en début d'après-midi, Monsieur...
– Morell, Martin Morell. »

J'ignore pourquoi je lui tends mon bristol. Elle paraît intriguée.

« Le Prince Kobold ?
– C'est mon restaurant sur Auteuil. Il faudra venir avec votre mari.
– Ça m'étonnerait, je vis seule. »

Elle me regarde et je pense qu'elle a des yeux à la fois bleus et brumeux. Elle se met à parler d'une voix douce.

« *Dans l'herbe noire les Kobold vont, le vent profond pleure on veut croire...*
Je reste muet.
– Vous connaissez Verlaine ? »

Je réponds avec mon accent typique, ma voix bordelaise, je réponds ce qui reste la plus grande humiliation de mon existence avec la fois où j'ai vu mon père en train de pisser dans l'évier sur un monceau d'assiettes sales.
Je dis :

« Je viens pour la première fois, Mademoiselle. Je ne connais personne ici ... »

Elle écarquille ses yeux bizarres, médusée... Que c'est beau, que c'est gênant, elle a envie de rire, de se moquer de moi.

« Nadia Ziegler ou von Ziegler, la gestion des stocks. A présent vous connaissez quelqu'un. Repassez me voir tout à l'heure.

– A tout à l'heure, mademoiselle Nadia Ziegler ou von Ziegler de la gestion des stocks. »

Elle ne me lâche pas la main.

« Et, *les sanglots longs des violons*... ça vous dit quoi ? Omaha Beach ? Beethoven ? Le Débarquement ? »

J'en suis stupide... Et plus je le suis et plus ça l'enchante. Eh bien le croirez-vous c'est ça qui l'émeut. La gêne où elle me voit, le désarroi d'un homme qui la trouve belle et se ridiculise en voulant l'impressionner avec son restaurant sur Auteuil.

« Verlaine ? »

Vous comprenez où j'essaie d'en venir, Madame : au fossé culturel qui nous sépare déjà, Nadia et moi, et le fossé culturel pour les gens cultivés est le plus insondable de tous, le plus profond... Aucun chéquier, aucun filon d'or, aucun puits de pétrole ne comble un pareil trou.

Ma solitude émeut Nadia mais je suis ignare, opinion sans retour. J'aurai beau manifester par la suite une vraie passion pour les mots des livres et la musicalité si coriace de la phrase française, je serai toujours pour ma femme un autodidacte suspect, je dis bien suspect, celui dont le savoir n'est validé par aucun examen, excepté le certificat d'études. Il a réussi ? Au piston. Il possède un restaurant sur Auteuil ? C'est son père qui l'a payé, un brave homme celui-là, un plouc mais pas un autodidacte, il n'attend pas sa quarante et unième année pour découvrir qu'il a tout à apprendre, et qu'il se fait tard.

« Verlaine est un grand poète français, nous l'admirons beaucoup chez nous. Je suis d'origine allemande par mon père... »

« Les Kobold sont pour les Aryens ce que sont peut-être les Korrigans pour les Celtes, des dieux domestiques souterrains. Ils vivent dans les sols riches en minerai de fer. Ce qui faisait d'eux l'emblème de la Ruhr à la grande époque... Prince Kobold ? Mais comment ce chétif elfe terreux pourrait-il devenir prince, quel contresens ! »

J'étais subjugué par Nadia... Je venais de m'approcher d'elle et je m'en éloignais en même temps... Nous pouvions nous voir, nous parler, mais entre nous s'ouvrait à pic un fossé culturel que j'aurais beau remplir de livres et de livres encore – je ne parviendrais jamais à le franchir à gué.

Sur l'instant, je vois le bon côté des choses. Cette fille est belle, intelligente, une rencontre s'est enclenchée... Je me souviens d'avoir pensé en la quittant : la chance ne serait pas en train de te sourire, l'ami ? D'une bouche un peu moins édentée que la dernière fois ?

4.

Quatrième jour.

On est sortis deux ou trois fois au cinéma, on dînait ensuite au Kobold. Elle avait un bon coup de fourchette et la langue des mieux pendues, surtout les questions : et comment ça fonctionne un bazar pareil, et pourquoi c'est juste un restaurant et pas un hôtel-restaurant comme autrefois, et si ça rapporte assez pour en mettre à gauche, et si j'ai dans un coin des enfants ou une ancienne épouse qui risquent un jour de réclamer leur part du gâteau.

J'étais content qu'on s'intéresse à moi et qu'on ait bon appétit.

Un soir, fatalement, elle a passé la nuit avec moi et le lendemain on a dormi jusqu'à midi.

Que me dit-elle sous la douche commune en me savonnant comme une maman : « Amour, je t'ai préparé une liste de livres à lire absolument. Je veux pouvoir te présenter à ma famille à mes amis... »

Elle avait recopié les titres des bouquins figurant sur le premier rayon de la bibliothèque de son père au musée Carnavalet. Il aurait fallu plusieurs vies, plusieurs cerveaux pour écluser ça.

J'ai commencé par l'*Histoire de l'Empire romain* du Britannique Gibbon, trois mille pages et trois mille de plus m'auraient fait plaisir. J'avais découvert mon âme de lecteur. Je suis entré dans la peau du bœuf de Marcel Aymé, dans *Les Malices de Plick et Plock*, dans La *Conjuration des imbéciles*, dans la rêverie d'*Oblomov*, dans le *Journal du fou*, dans les tempêtes de Jean Valjean, dans les tourments d'*Eugénie Grandet*, les malheurs du *cousin Pons*, etc. Un livre, c'est plus vorace que celui qui lit, ça vous mange le monde entier...

Après un mois d'orgasmes probablement simulés, elle a considéré que j'étais digne de rencontrer son père et son frère, les deux esprits qu'elle vénérait.

« L'accent, tu ne peux rien y faire, je suppose ?

– Je peux rester muet.

– Ils te prendraient pour un demeuré !... Ah, tu seras gentil de parler allemand avec Manfred, enfin, mon père. C'est la coutume à la maison. »

Je ne parlais pas allemand, pas un traître mot ou juste un traître mot : « boche ».

Sur place, Manfred m'a claqué l'épaule avec rudesse : tu es encore jeune, il a dit en me postillonnant à l'oreille, encore temps pour apprendre correctement la langue de Goethe – *encore temps pour ne pas mourir idiot.*

Après ça je n'ai plus ouvert le bec du dîner. Chaque fois que je faisais mine de parler, Nadia me coupait la parole en allemand ou levait les yeux au ciel comme si j'allais proférer une énormité. Par avance elle avait honte de moi, son futur mari.

Ingrid, la petite sœur, boutonneuse mais bien fichue, me faisait du pied.

Drew, le frangin spécialiste en cinéma autrichien, m'a ignoré. Pas un mot, pas un regard.

Ah oui, la mère entre ses deux aînés, blonde, robe de soie gris perle, yeux en amande étirés au khôl, lèvre inférieure d'un vermillon pulpeux. Elle attendait pour m'adresser la parole que j'aie fait le premier pas d'un hommage à sa beauté.

« Mes parents t'ont trouvé si typiquement français... »

C'est ce qu'a déclaré Nadia plus tard au téléphone en gloussant.

Ils avaient parlé allemand toute la soirée sous les moulures de l'hôtel Carnavalet.

Nadia et moi, quelque temps plus tard, nous foncions tête baissée vers l'autel de Dieu, aux accents d'un orgue qui célébrait une Germania nostalgique d'une époque où l'avenir n'était pas dans son dos.

5.

Cinquième jour.

A la rigueur j'aurais pu commettre la folie de baguer une fille uniquement sur le critère esthétique. Une créature de rêve. Vous baratinez un rêve, vous manipulez un rêve, et c'est un rêve que vous épousez. Tous les pores de la peau, le souffle, la voix, la sueur, vous l'épousez, c'est à vous.

On s'est mariés à Paris, Nadia n'était pas encore un cauchemar. Mon père avait payé la robe, les talons de satin bleu pâle, les gants : moi les dentelles, une petite fortune sur les Champs-Elysées, et la jarretière... Ah ça, elle tenait à la jarretière, ou la noce ne valait rien. Elle avait des perles dans les cheveux, des fleurs d'oranger en couronne, une petite fortune sur les Champs-Elysées.

On a fait la fête au Prince Kobold, l'ancienne hostellerie des grands tennismen entre les deux guerres mondiales, à quelques pas du stade Roland-Garros.

Le restaurant n'a pas rouvert après l'incendie, non, c'est, à l'heure qu'il est, un ramassis de gravats... Le feu, toujours le feu quand l'orgueil s'y met. L'arme des lâches... Indélébile, le feu.

Si j'avais été moi je me souviendrais. Je vous regarderais dans les yeux et je vous dirais : c'est moi. Si je me rappelais avoir pressé la détente je dirais : c'est moi. Dresserais-je des souris à obéir si moi-même je ne suivais pas ma conscience de soldat ?

Le soir du mariage nous avons échangé un baiser la petite sœur et moi, du côté des toilettes... Vous pensez quoi ? Salaud de mari ! Il ose dire qu'il n'a pas trompé sa femme. Il ose, oui, par la suite il a repoussé les avances de cette pousse-au-crime... Un baiser part si vite, un jour de noces.

Il faut croire que la frangine avait besoin de marquer un point contre la sœur aînée. Complexe banal entre sœurs. La grande aime, il faut qu'elle aime aussi, qu'elle soit aimée. Pourquoi toi ? pourquoi pas moi ? C'est humain, elle souffrait, elle allait se retrouver seule entre ses parents dans un musée sinistre... Dormir au musée, être jeune au musée, vous imaginez... Est-ce qu'on l'épouserait, elle aussi ? Est-ce qu'elle aurait droit plus tard aux atours de la mariée ? A ce oui qui vous condamne à l'amour d'un seul homme ?

Un baiser comme une histoire en attente. On voudrait l'oublier aussitôt, mais ça tisse un lien... Un baiser inachevé... Chaque fois que la gamine rôdaille aux alentours, il agace le nerf, la tentation... C'est l'achever dont vous avez besoin pour vous en débarrasser, oublier la fille.

Quelques jours après mon père est retourné vivre à Lacanau. Mon épouse et moi nous étions installés au Kobold. Tous les jours son frère débarquait avant midi pour l'apéro. Il ne décollait plus.

Il s'appelait André mais on l'appelait Drew, Andrew. Quand on osait lui demander quelle branche était la sienne, vu les surmesures Arnis, les gros cigares ou les richelieux double patine, il se rengorgeait : Producteur !...

The black-biz...

La production d'Andrew consistait à finir en chambre les repas auxquels étaient conviées de jeunes Créoles appâtées par les résistibles ascensions du show-biz. Ascensions = ascenseurs... Ayant rangé sans payer l'addition pliée en quatre dans son portefeuille en croco, le beau-frère du patron, cigare entre les dents, précédait sa lady black du jour en direction des elevators.

DO NOT DISTURB.

Pour Nadia, son frère était un dieu. Elle se retournait pour le voir marcher... La délicatesse, est-ce que j'appréciais la délicatesse d'Andrew, est-ce que j'en étais seulement conscient ? Est-ce qu'elle me faisait envie ?

Et cet André, cet Andrew, ce Drew, j'aurais dû lui baiser ses pieds pédicurés, d'après ma femme... Installé chez nous, au Kobold, sans autorisation... Oisif, faisant métier d'être blond cendré comme les grosses légumes du Walhalla. Un poil de cul cendré dans la main... Les couloirs résonnaient des maléfices proférés par ses créanciers... Il recevait non moins souvent la visite de jeunes immigrées, originaires des terrasses des Champs-Elysées où elles affichent avec bonhomie leur besoin d'argent frais.

Il aimait jouer au poker, et cette mauvaise langue d'Ingrid voulait qu'il trichât. Il se décourageait quand ses poches lui refusaient le pesant d'une liasse en larges coupures violettes.

Il venait conter violette à Mme Müller, ma comptable, personne copieuse et fort sentimentale, complexée par une gorge surdéveloppée qu'elle prenait pour un handicap auprès des garçons bien.

« Pourquoi Drew ?

– Il aurait dû s'appeler Conrad... Conrad von Ziegler, mais c'était à maman de choisir le prénom... Elle voulait André.

– Et pourquoi Drew, s'il s'appelle André ?

– André, Andrew, Drew, c'est kif-kif.

– Je vais l'appeler André, pour voir.

– Drew est assez mortifié comme ça de vivre en France, chez des Latins, n'en rajoute pas. Il hait maman. »

Moi, c'est Martin. Je fais tourner la baraque. J'ai ces parasites en pension complète un jour sur deux... Ça mange et ça boit sur le compte de la société

Kobold... Du vin fin, de bonnes côtelettes à l'os de Pauillac...

J'ai compris un peu tard que les rapaces étaient sous mon toit... Ils mangeaient, ils invitaient leurs amis à manger, à siroter des chartreuse, à dormir, ils parlaient mal au personnel, ils donnaient des ordres. Ne me connaissant pas, ils me traitaient comme un larbin.

La maison silencieuse est une carcasse autour de la vôtre. Vous cherchez vos clopes à tâtons. Vous avez la nette impression que vous et les souris dans les murs vous n'êtes pas les seuls à respirer, vous avez peur. Vous vous attachez aux souris. On n'est jamais déçu avec les souris...

6.

Sixième jour.

... Vieux garçon, petites habitudes, manies, marottes à l'époque du mariage... J'ai fait la guerre là-bas... Des copains morts sous mes yeux. Je ne suis pas commode, sans doute un peu bourru, bizarre à certains moments pour les jeunes... on se met à leur place, on n'est pas d'un bloc.

J'ai tendance à me répéter, c'est un truc d'ancien soldat. J'ai beaucoup aimé l'armée. Demandez-moi pourquoi, je vous dirai qu'à l'armée j'avais besoin d'obéir. Un homme tel que moi s'il cesse d'obéir ce n'est plus un homme tel que lui. Ça devient quelqu'un d'autre de fil en aiguille. Il agit de sa propre initiative. Il est désappointé. Il se demande constamment s'il a raison d'agir comme il le fait, il remet à plus tard. Il est pour de bon désappointé. Les tip des factures, il est toujours le premier à les retourner signés.

Dès qu'on exige l'obéissance, le devoir, il revient à l'intérieur de celui qu'il était sous les drapeaux, tous les prétextes sont bons : factures, élections, impôts, don du sang dans les rues. Il est toujours le premier. Il n'omet jamais d'expliquer qu'il a servi les couleurs du pays. Avec le mariage il retrouve le besoin d'obéir, et d'obéir à un supérieur. Il veut que son épouse soit dans la vie de tous les jours : on peut dire son chef, disons-le. Ça ne l'amoindrit pas au contraire. Il reprend le dessus la nuit. Les rôles sont partagés.

Tant que Nadia commandait le jour et lui la nuit, le couple filait du bel amour. Elle aurait demandé la lune, il aurait couru les plus grands dangers pour monter la décrocher.

Il aurait pensé : quelle bonne petite femme j'ai là... Par chance elle réclamait beaucoup. Quelle bonne petite femme j'ai là.

Lorsque j'étais gosse, à Lacanau, mon père nous regardait vivre, mon frère et moi. Il préférait qu'on obéisse mais, qu'on obéisse ou non, il était content de nous savoir chez lui. La seule fois où je l'ai vu sortir de ses gonds, c'est quand j'ai trouvé les mégots des boyards derrière le radiateur de la bonne. Il s'est fâché mais il ne pouvait rien dire. Lui qui ne pouvait ouvrir la bouche sans dire « merde » ou « putain ». Lui célèbre pour la verdeur de son langage. Il ne pouvait que fulminer entre ses dents et prendre le chien à témoin.

Que faisaient les mégots derrière le radiateur de la bonne, sous la mansarde, vingt-sept mégots mâchouillés ? Qu'est-ce qu'ils font papa. Je regrette aujourd'hui d'avoir osé lever les yeux sur lui. Ça l'avait humilié. J'avais redescendu les mégots, fait chanter la bonne en la menaçant du grand Boucanier, obtenu des faveurs qu'elle m'avait accordées contre ma parole de la fermer. C'est papa qui devait la fermer, motus, sauf à passer pour un couillon.

Lui qui pour un rien déclarait d'une voix sucrée : Le couillon qui vient m'emmerder avec des conneries pareilles je l'envoie chier.

J'obtempérais sans jamais sourciller et Nadia m'avait pris pour un homme faible. Un homme tel que moi – faible ! Ignare et faible, c'est ainsi qu'elle me voulait au Prince Kobold, même pas un an après qu'on eut visité Londres en voyage de noces.

Assurée d'être obéie par son mari, elle est entrée dans la phase d'humiliation, tout bien calculé pour, à terme, me foutre dehors.

Un matin qu'elle se lavait les dents et que moi j'attendais qu'elle revienne au lit, elle s'est mise à rire furieusement, elle crachait, se gargarisait, riait. C'est quoi, j'ai dit, ce boyau de la rigolade ? ... Elle se demandait si j'avais la cervelle tout à fait d'aplomb. Il y avait sûrement un épisode de mon enfance que je lui cachais, non ? J'avais dû recevoir un fer à repasser au coin du crâne, ou bien je souffrais d'une anomalie d'ordre cérébral.

« Ce n'est pas possible... A compter d'aujourd'hui, je prends la chambre à côté.

– J'ai ronflé ?

– Tu ronfles et tu n'arrêtes pas de parler.

– Je dis quoi ?

– Je ne me charge pas la mémoire avec ce genre de charabia. »

Elle m'avait enregistré sur son portable. Elle m'a fait écouter une espèce de mâchonnement d'outre-tombe. L'accent, moi, je ne l'entends pas, d'ordinaire. Eh bien, je l'entendais… Mes intonations typiques du Bordelais, c'est tout ce qu'il y avait à glaner dans cette bouillie bordelaise. On pouvait comprendre qu'une femme accompagnée d'un mari mi-ronfleur mi-ventriloque ait besoin d'échapper aux nuits conjugales.

« Ce n'est pas tout… Tu vas consulter le thérapeute, toi aussi. Il a magnifiquement soigné Andrew. »

Pour moi les guérisseurs du cerveau sont des charlatans, mais j'ai dit oui.

J'avais sérieusement arrangé le portrait d'Andrew quand on l'avait vu casser exprès le grand miroir du mur sud, une glace au mercure de collection. Tout le restaurant avec ses bougies s'y reflétait le soir de manière très douce, et les femmes ridées en sortaient fraîches comme des jeunes filles. Le guérisseur m'avait donné tort. Le geste malheureux d'Andrew traduisait un refus panique de certaines surfaces réfléchissantes après le coucher du soleil. Un fond de verre à whisky pouvait l'épouvanter. Le marc de café, l'écran d'un téléviseur éteint.

Même le guérisseur en avait après moi.

Je me suis excusé en laissant Drew choisir un tableau qui lui plaisait pour le mur sud. Il s'est entiché de l'œuvre d'une petite Créole de douze ans, une huile représentant un autocar jaune à gros nez surchargé de valises rouges, avec les faciès des Nègres hilares à toutes les fenêtres, au volant c'était son grand-père.

La sœur aînée a recopié le tableau directement sur le mur sud après l'avoir lessivé, et j'ai dû ajouter au menu un Poulet à la sauce chien pili-pili, le plat typique de Guinée-Bissau, leur pays d'enfance. J'ai aussi ajouté le rhum Bois-Bandé à la liste des boissons. J'espérais en échange gagner les bonnes grâces d'Andrew, mais il persistait dans la froideur. Plus costaud, je crois qu'il m'aurait provoqué en duel.

Je suis un peu rond, moi, mais costaud, râblé. Il paraît qu'on s'en aperçoit quand on se prend ma main sur la figure. Il en faut beaucoup et je n'ai jamais fait usage de ma force sans une bonne raison. Pas comme tous ces caractériels d'aujourd'hui qui brutalisent les femmes.

« Je te suis reconnaissante de ce que tu as fait pour Drew. Tu as mérité que nous comparions nos bronzages.

– On a du mal, ton frère et moi.

– Il a fait l'école Charpentier, c'est un décorateur d'une grande émotion naturelle. Il faut lui donner un rôle actif dans la société Kobold.

– Tu veux dire un salaire ?

– Un défraiement. »

Qu'est-ce que je n'aurais pas fait pour que nous comparions nos bronzages, et aussi pour me rabibocher avec le beauf, que personnellement j'aurais préféré appeler André, en souvenir d'un oncle d'Amérique à moi. Ça m'impressionnait qu'il ait fait l'école Charpentier, moi qui sortais des fusiliers marins. Ce Charpentier n'était pas quelqu'un dont j'avais eu l'occasion d'entendre parler avant, mais il faut être un Monsieur pour avoir une école à son nom. J'ai donc chargé Drew d'assumer la décoration permanente et personnalisée du Kobold, un peu comme s'il devenait chef machiniste à bord d'un cargo. J'ai vu les alcantaras clairs succéder aux peluches sombres des banquettes, l'altuglas remplacer la moleskine puce du bar, les dalles quartz antireflets des Carpates remplacer les vieux parquets vernis, la *luminance* remplacer la lumière voltaïque des lustres, moins vive et moins blanche. Le Kobold renaissait grâce au frère de Nadia. Il y avait bien parmi les clients quelques grincheux pour s'étonner en mal, mais les emmerdeurs avaient bien raison d'aller manger au diable s'ils dédaignaient le style Charpentier. Qu'est-ce que ce serait quand la terrasse et le jardin d'hiver seraient aménagés en yacht-club. Je devais à Drew la fière chandelle de n'être pas qu'un vieux fils à papa. C'était moi le patron. J'engageais les ouvriers polonais, supervisais les travaux, signais les bons de commande et les chèques. Pendant les travaux, le restaurant tournait au ralenti mais il tournait. Je me rattrapais sur le prix du vin de la mollesse des activités. J'avais découvert le bonheur avec cette manière de procéder – c'est-à-dire imprimer sa marque aux lieux où l'on vit et travailler en famille.

On comparait nos bronzages avant l'apéritif du soir, chaque jour. Elle me rejoignait sous la douche, c'est une femme que les surfaces réfléchissantes des salles de bains, contrairement à son frère, rendaient magnanime. Pas une fois elle n'est ressortie de la salle de bain sans jurer qu'elle me tuerait si j'allais voir ailleurs.

Outre mon beau-frère et ma femme, chargée de Communication avec le monde entier pour le Kobold, nantie d'une Mastercard à débit non limité, je défrayais l'ami d'enfance de Nadia, Jo, ce neurologue auquel je racontais... Qu'est-ce que je raconte au juste à Jo ? J'aurais du mal à préciser mon racontar. L'humeur du jour, je suppose : avancement des travaux, soucis pécuniaires, fiches de paie au bout du mois pour onze personnes qui me coûtent, soit dit entre nous, la peau du saint-trou-du-cul, visites régulières aux banquiers prêteurs, aux services fiscaux.

Je vide mon sac, je ne lui cache pas que, nous autres, les hommes qui perdent leurs cheveux, sommes bien à plaindre. Allez dénicher à notre époque un vrai stimulateur de repousse capillaire, on ne trouve rien sinon des poils de brosse à dents qu'on fait entrer dans le cuir chevelu comme les clous du Saint-Sacrement. Ça ne l'amuse pas. Il m'écoute en alignant des mots fléchés. Il m'assure à la fin que chez moi c'est plus de la nervosité qu'autre chose, mais que j'ai besoin de parler et qu'il vient dans ce but : entendre ce que j'oublie de révéler à moi-même dès qu'il est hors de ma vue. Ses discours me passent au-dessus de la tête. Il est sans doute amoureux de Nadia, ce n'est qu'une supposition, mais l'ami d'enfance passe un temps fou dans son bureau près des cuisines, porte fermée.

Non je ne défraie pas Ingrid, car ma femme estime que j'en ai assez sur les épaules. Ingrid est jeune, elle a ses études d'économie à terminer, et déjà trop tendance à se disperser. On lui rendrait un mauvais service en l'employant dans la société. Nadia n'avait sûrement pas tort, mais la seule chose qui comptait pour elle, s'agissant d'Ingrid, c'était de la voir le moins possible tortiller du croupion dans mon champ visuel, malgré l'immense affection qu'elle avait pour sa sœur au téléphone ou sur la messagerie d'Internet.

Ingrid venait dîner tous les vendredis au Kobold, en sortant du tennis. Parfois elle restait coucher, c'était selon qu'elle avait bu un ou plusieurs verres de trop. Nadia était sobre, Ingrid toujours à la recherche d'une petite goutte de Marie-Brizard. Quand elle buvait, elle déballait ce qu'elle avait sur le cœur et c'était comme un éléphant lâché dans la porcelaine. Cette fille qui voulait pour ainsi dire me violer le jour du mariage était la plus honnête personne que j'aie rencontrée. Elle avait un sens de la famille encadré par une grande moralité. C'est elle évidemment que j'aurais dû épouser, mais les sentiments qu'elle avait pour moi tenaient à son émulation sororale avec Nadia, et sans la grande sœur entre nous elle ne m'aurait tout simplement pas vu. Les plus grands tennismen du monde lui collaient au train, surtout les Russes, et je crois savoir qu'elle menait la belle vie dans les vestiaires de Roland-Garros. Vous savez comment les choses se passent chez les jeunes, des photos circulent en douce et ça prend une dimension planétaire sur la toile.

Pour ma part je m'appliquais à ne commettre aucun faux pas qui pût me coûter cher, par exemple un divorce à mes torts exclusifs, et le soir de juin où la cadette me rejoignit sur la terrasse du Pavillon, j'eus le sentiment d'une machination. Ingrid n'était pas visible l'instant d'avant et voilà qu'elle était là. Je pense aujourd'hui qu'elle avait assisté à ma dispute avec Nadia. Elle avait attendu que sa sœur parte en voiture sur les chapeaux de roues pour surgir de l'ombre et s'asseoir en face de moi, en minishort de tennis blanc, la serviette éponge autour du cou. Je me suis inquiété de savoir si elle avait dîné. Vous savez ce qu'elle m'a répondu, me regardant comme on regarde un plat qui vous met l'estomac dans les talons ?

« Je te mangerais bien.

– Le chef est parti mais si tu veux un bout de fromage ou de la terrine.

– D'accord, allons tous les deux faire un tour en cuisine. J'en ai très envie, autant que toi...

– Que ta sœur revienne et mon compte est bon.

– Ça ton compte est bon, tu l'as dit. Il ne peut être que bon avec une sœur comme la mienne. On y va ?

– Je suis très bien ici.

– Espèce de gros lâche, Nadia te ruine, avoue-le.

– Surveille tes paroles, ta sœur est mon bras droit.

– Autant vaut la merde ! Je ne suis même pas sûre que vous ayez des rapports sexuels, ou bien uniquement occasionnés par les sorties place Vendôme. Des rapports à dix-huit carats.

– On s'aime.

– Elle aime son père, son frère, son cul et basta ! Elle te crachera sur les pieds... Le Prince Kobold produit des revenus ?

– Avec les séminaires on est à flot.

– ... les baptêmes, les premières communions, les bar mitsva, les derniers sacrements, les divorces à l'amiable, les confréries d'anciens... Et la clientèle de proximité, macache !... Le Pavillon du Prince-Pique-Assiettes... Il y a un remède à la ruine… »

Elle buvait je ne sais plus quelle liqueur à même la bouteille. J'étais inquiet parce que Nadia tardait à rentrer. Quoi que nous fassions Ingrid et moi, en bien ou en mal, elle imaginerait, nous trouvant tous les deux dans l'ombre sur la terrasse, que nous avions fait *quelque chose*, et ce serait encore une fois la guerre entre nous. On se disputait maintenant tous les jours et c'est vrai que les « rapports » en pâtissaient. On ne compare pas son bronzage avec une épouse qui vous prend pour un âne et fait hi-han devant le personnel quand vous paraissez. J'étais stressé. Je repoussais d'un pied fatigué le soupçon d'être abusé financièrement par mon épouse et mon beau-frère. J'avais la cervelle moins bien défendue contre les mots « pique-assiettes », « dette » ou « ruine » qu'Ingrid avait l'art et la manière de me verser à l'oreille comme du venin. Mes sentiments avaient l'air intact, ma résistance nerveuse faiblissait. Aussi, quand elle a parlé de remédier à la situation, je n'ai pu m'empêcher de soupirer :

« Dis toujours.

– M'embrasser, ou carrément me sauter sur la

table. Comme ça elle te vire et tu es sauvé. A la différence de ma sœur je n'ai pas l'ambition d'être une épouse agrippée à ton portefeuille, je préfère ton entrejambe, moi.

– ...

– Masse-moi le haut des cuisses, tu veux ? J'ai des contractures à l'aine.

– Fiche le camp.

– C'est quoi le plus gros péché pour toi ?

– C'est toi.

– C'est la dette, connard ! Tu es endetté jusqu'à ton crâne d'œuf. On ne fait pas tenir debout un sac vide. »

Les détonations assourdies qu'on entendait provenaient du sous-sol occupé par la salle de sport et le vin. Tous les soirs, Andrew s'exerçait au tir sur des bouteilles qu'il déclarait périmées. Et ce triste sire ayant du jeunisme une opinion qu'il appliquait à l'ensemble des choses, il épurait méthodiquement ma cave, supprimant au revolver les étiquettes antérieures à l'an 2000. Derrière lui c'était un bain de sang qu'il faisait nettoyer par l'une de ses admiratrices et quelquefois plusieurs. Nadia leur demandait seulement de respecter le tri sélectif, espérant que le maire d'Auteuil finirait par nous inviter à ses réceptions en échange de tout ce verre brisé.

Où en étais-je ?... Il est tard et mes petites amies se font du mauvais sang dans leur violon d'Ingres, le soir venu. Mesdemoiselles, je vous propose de vous mettre en rang pour Mireille, que nous lui montrions ce que nous avons appris la nuit dernière, allez, en piste !

– Demi-tour... gauche ! Arme sur l'épaule... droite ! Un, deux, un, deux...

Demain la suite, promis. Si l'on dit tout aujourd'hui, tous nos secrets, et qu'elle ne revient plus nous voir, on devient quoi ?

C'est qu'après ma conversation avec Ingrid j'ai commencé à ruer dans les brancards. A force de m'entendre répéter hi-han par Nadia, hi-han, hi-han… Un âne tel que moi....

7.

Septième jour.

Ce soir-là, Andrew a des invités au restaurant, une paire de Beurettes originaires de Mulhouse, échappées du nid familial pour décrocher le rôle star d'un film à gros budget sur la guerre d'Algérie. Le public hexagonal, dit-il, est mûr pour encaisser enfin ce chef-d'œuvre de l'ignominie conçu par moi-même et de jeunes bicots talentueux. La mise à poil de la vérité, les filles : tortures, viols, corvées de bois, électrocutions, gégènes, racisme à tout va, tout le merdier, la paix des braves et la paix des cons.

Il se lève à moitié, la main sur les couilles, en communion totale avec ses Arabies martyrisées. Est-ce que vous êtes prêtes à nous suivre, les gazelles, à tourner ce film comme si c'était vrai ? A leur dire à tous ces bobos quels dégénérés ils sont ? Quels petits enfoirés ils étaient avec leur Algérie française de mes deux, la terre de vos ancêtres ?

Il a son couvert attitré près des cuisines, sous le tableau créole qu'il m'a fait acheter, la fresque avec l'autocar jaune et les passagers béats à tous les carreaux. Quand je passe il regarde ailleurs, j'en profite pour m'enquérir s'ils désirent un peu plus de purée, de frites, si la cuisson des volatiles est à leur goût, si je dois leur porter des rince-doigts maintenant ou tout à l'heure... Je vois bien que mon zèle de mouche à miel le fait enrager.

Je suis une bonne pâte, je vous l'ai dit, et quand je dresse le bilan de mes actes marquants depuis mon enfance à Lacanau, je reconnais que je me suis toujours vengé la conscience tranquille, avec une raison précise entre les dents.

Qu'est-ce que je voulais vous dire, hier soir, que je ne vous ai pas dit ? J'y viens... A la place, hier soir, j'ai fait tourner les souris. J'avais peur que vous ne reveniez pas. C'est le mariage et non l'armée qui m'a rendu méfiant. On a toujours un doute sur ce que les autres ont derrière la tête. On a déjà bien du mal à compter sur soi-même, pas vrai ? Un jour, un pilote d'hélico des Forces spéciales m'a déposé dans une zone de conflits où c'était chaud. J'ai lu dans ses yeux confiants qu'il ne reviendrait jamais me chercher, qu'entre sa peau et la mienne il avait choisi. C'est une fille du coin qui m'a ramené à la base après avoir marché jour et nuit pour arriver au point où je me croyais fichu. Je n'ai pas hésité à m'expliquer avec le pilote après qu'il a eu déballé ses excuses, assez grand moi aussi pour choisir entre ma peau et la sienne.

C'est le bon côté des choses à l'armée. La vengeance est tolérée comme allant de soi, car autrement les hommes refuseraient tout déploiement dans les patelins sensibles où l'on a besoin de pouvoir compter les uns sur les autres. Elimination naturelle des traîtres. Excusez-moi, je vous fais languir, mais il est crucial que vous compreniez qui je suis réellement.

Aucune mouche ne m'a piqué le soir où je mets hors de lui mon beau-frère, c'est juste qu'il mérite une raclée. Il raconte partout qu'il nous a trouvés collés ensemble Ingrid et moi, le jour du mariage, dans les toilettes. Il en parle à mes beaux-parents, à nos voisins, à ses amis qui rotent à mes frais sous l'autocar jaune, à ma femme, à Ingrid qui me l'a raconté hier sur la terrasse. Il n'y a qu'à moi qu'il n'en dit rien. Quelle attitude adopter avec Nadia ? Il est compréhensible qu'elle m'accorde un régime sec avec les médisances de son frangin, cet abruti. Médisances et non calomnies. A l'armée, on pend les mouchards.

Le soir de juin où il entreprend les deux Beurettes, j'ai tout un orage de griefs contre lui. Je sais aussi qu'il recommande au personnel de m'obéir, en multipliant les salamalecs de bons et loyaux services. C'est lui, pas Nadia, qui a fait inscrire au menu la « Salade de homard comme à Pornichet », un gouffre pour la société quand le client mange gratis. Je vois mal ce que mon Prince Kobold va faire à Pornichet.

C'en est là quand Mme Müller, la comptable qui dîne en salle avec son neveu, vient me signaler qu'à la table voisine, un colonel de gendarmerie et sa collègue étrangère, on n'est pas contents du bruit ni des idées que fait courir ce petit « peigneur de cul ».

Soudain j'en ai marre de ces bobos qui se rasent

un jour sur trois, détestent leurs origines et viennent le claironner au restaurant, trinquent à la santé des courageux opprimés sociaux que l'on empêche d'aimer librement leur pays d'adoption, réduits à détériorer le mobilier urbain pour attirer l'attention, à provoquer les forces de l'ordre, à chômer, à embrasser bon gré mal gré la délinquance et les économies parallèles pour nourrir dignement leurs femmes, leurs enfants, leurs moutons, leurs petits chiens d'autodéfense, alors merde aux Français d'origine française, merde aux colonisateurs, merde aux droits de l'homme et à la connerie réunis – tous ensemble avec moi : « MERDE AUX FRANÇAIS ! »

J'en ai ma claque du généreux baiseur de fillettes à la rue, trop distingué pour exiger la note chez moi, chez lui, chez nous.

Je file au bar prévenir Nadia que la table 5 a besoin d'une remontée de bretelles, et que si ce n'est pas elle qui règle ça je prends les choses en main... Elle m'ignore, elle pérore en allemand pour l'une de ses innombrables lorelei qu'elle traite le soir au champagne rosé en attendant la fin du service. Avec le magnum qui dresse la tête au-dessus de l'aiguière à glaçons, on dirait qu'elles sont trois.

Je répète en vieux français typique de ma région natale :

« Ton frère me gonfle, il est bourré comme un coing.

- Ce que tu peux être province !

- Je vais l'informer de ce pas qu'il n'a plus soif.

- Frapper sur les clients fatigués, ça c'est du sport !

- Ton CLIENT a intérêt à les avoir solides, moi j'te le dis.
- Touche à un de ses cheveux, pour voir.
- Je parle des dents, pas des couilles, si tant est qu'il en ait deux.
- Et avec ma petite sœur, ça se passe bien ? T'en as deux ? »

Les Beurettes me regardent approcher d'un œil suspicieux. Je suis derrière le beauf. Son odeur élaborée m'agace d'autant plus qu'ils n'ont rien mangé des oiseaux morts que je vois dans leurs assiettes, tonnerre de Brest ! Ni lui, ni les filles. On commande les plats les plus chers de la maison pour les snober comme de vieilles chaussettes. Côté pinard, au contraire, c'est plutôt marée basse.

« J'ai des palombes, si les alouettes truffées vous font chier, ou des pinsons du parc floral d'Auteuil. »

Drew m'interroge du regard – qu'est-ce-que-tu-fous-là-je-suis-en-réunion !

C'est vrai, qu'est-ce que je fous là ? Je lui verse la fin du bouzy, une main dans le dos, le verre à moitié plein déborde à flots sur la nappe, une hémorragie d'artère sectionnée semble inonder les genoux du beauf.

« Tu as fait la guerre, Drew ? Ton meilleur pote est mort dans tes bras ? »

Je lui secoue les dernières gouttes sur la permanente, que ces deux naïves visualisent bien qui commande ici.

Drew flaire une embrouille imminente et se demande s'il n'aurait pas intérêt à cogner en premier.

« Hé, Drew ! Ce n'est pas ce que tu crois, la guerre, ça n'a rien à voir avec... »

Toute une patience que je retiens depuis des mois se trouve massée dans la main plaquée derrière mon dos. Ce n'est plus une main c'est un bloc. En un geste que j'ai l'impression d'avoir répété tant il est rapide et précis, je me saisis d'Andrew par la nuque à travers ses longs poils calamistrés, et je lui rabats sa gueule de m'as-tu-vu dans le verre à pied qui vole en éclats.

Il hoquète, dodeline une bouille d'ange ensanglantée de vinasse, il a l'air d'un pitre, la bouche et le nez tailladés. Un bien joli spectacle, ses lunettes en écaille de tortue tropicale, à califourchon sur le tesson du verre à pied, hélas un Baccarat tout ce qu'il y a d'appellation contrôlée.

« ... avec ça, non ! Rien à voir avec ça ! Rien du tout ! »

Je lâche prise et m'essuie la main sur ma veste blanche, comme on essuie une lame de couteau.

« Tu es viré ! m'annonce Nadia qui rapplique à la rescousse du frangin dans une salle de restaurant frappée de catalepsie.

- Heil Hitler ! je réponds en claquant des talons. »

8.

Huitième jour.

Je sors par la cuisine et monte me pieuter illico dans ma suite Wimbledon où je dors en célibataire depuis une quinzaine de nuits, le deuxième oreiller collé au sternum. J'aurais aussi bien pu choisir la rue puisque censément je suis viré, chassé d'une maison que mon père a payée du premier au dernier sou. Je m'éteins comme un bienheureux sous la couette, mon existence et ma mémoire absorbées par un rêve où des cadavres d'oiseaux miniature perdent leur jus gras sur les dalles antireflets du « Kobold Restaurant », comme dit Manfred, l'homme aux côtelettes poivre et sel pendouillant sous les joues. Les Ziegler voyaient en moi une sorte de pigeonneau humain auquel on pouvait monter tous les bateaux imaginables, mais l'incident est clos. J'ai mes souris à dresser. J'étais une gloire à l'armée pour l'obéissance et la tenue de mes petites majorettes à quatre pieds. Et c'est déjà bien beau, je crois.

Intrusion dans ma chambrée la nuit même, comme quoi le désespoir fait un piètre conseiller. La camarade Nadia en personne arborant la plus vaporeuse de ses voilures de nuit. Chaudasse et repentante à s'en déchirer la voix. Oui, son frère est un dégénéré crapuleux. Une fiente molle, un éjaculateur précoce, un éjaculateur en poudre, tout ce que tu veux mon chéri, avec des testicules en noyaux de cerise, un cochon négrophile, un enculeur de murènes...

Et jamais elle ne fut à moi comme cette nuit-là.

Premières paroles de ma femme au lever du jour, sans ouvrir les yeux, la joue écrasée sur l'oreiller, avec une auréole de bave argentée au coin des lèvres.

« Tu n'oublieras pas de demander pardon à Drew, pour hier soir.

– Répète un peu ?

– Tu n'oublieras pas de demander pardon à Drew, pour hier soir, c'est clair ? Au siècle dernier, il t'aurait giflé devant ton personnel.

– Répète un peu ?

– Je me demande si tu es bien conscient d'avoir frappé un Ziegler, un von Ziegler, la postérité du Saint Empire romain germanique ?

– Redis voir ça.

– Une petite augmentation ferait passer la pilule, si monsieur craint la gifle d'un Allemand.

Je m'extrais du paddock d'un bond, je prends Nadia par les chevilles et je tire en arrière comme on tire une brouette, elle s'étale à plat ventre, les fesses à ciel ouvert, dans un claquement de mâchoires entrechoquées.

Je sais que la violence envers les femmes est punie par la loi. Battre une femme est une lâcheté qui vous soulève le...

C'est une lâcheté, voilà tout !

On dit ça, une lâcheté, on se gargarise avec du vent. Si mes mains pouvaient parler, Madame, mes poings, ils vous diraient combien j'aimais Nadia. Voilà comment les choses arrivent à la maison. C'est bien simple. Les coups qu'elle prend, la femme les a cherchés. Elle se dit quoi, la femme du mari ? Il va bien finir par me taper dessus. Il va bien finir par perdre patience. Il va bien finir par faire usage de sa force, le con ! et par m'en coller une, la première, ensuite il ne pourra plus s'arrêter, il me battra comme plâtre, j'aurai gagné, fait de lui le plus salopard des cons. C'est ça qu'elle se dit, la femme du mari, désespérément. Elle fait joujou avec ce feu qui refuse de la brûler. Elle se dit : de quel sourire me fendre la pipe pour qu'il se décide à m'en coller une, la première, la plus difficile à coller ? Après c'est du billard, on lit dans les journaux : *Un salopard de con démonte la gueule à sa malheureuse épouse qui s'était permis un sourire de trop.* On jette en prison l'homme accusé d'avoir battu sa femme, ou une autre, on le montre du doigt.

Une femme ou *sa femme*, c'est bien la différence justement. Dans *sa femme*, il y a cette nuance de possession qu'il faut préserver. On ne tape pas sur une femme, mais on peut taper sur *sa femme*... Et pourquoi ? Parce que *sa femme* elle vous connaît. Elle sait comment s'y prendre pour vous exciter, vous donner une envie sexuelle, bien sûr, mais non moins envie de la massacrer. Elle le sait, connaît vos points faibles... Nadia voulait m'humilier et c'est pour m'humilier qu'elle faisait de moi un homme qui frappe les femmes. Je n'ai jamais frappé aucune femme avant elle... Je respecte mes souris, alors imaginez les femmes. Oui j'ai frappé Nadia ce matin-là mais nuance, j'ai frappé *ma femme*. Est-ce que vous me suivez ? Est-ce que vous saisissez la nuance, Madame ?

Elle n'avait qu'à sourire d'une certaine manière et je la massacrais. Elle continuait à sourire, du sang sur les dents.

Sang ou pas, je tapais tant qu'elle souriait.

Soi-disant qu'elles vont déposer une main courante à la police, après la raclée du mari. Coquards, lèvres fendues, luxation, tout le beurre noir, tout enregistrer chez les flics... Pas vrai, pas chez moi. Nadia ne m'en voulait jamais quand ça dégénérait à la maison. Elle était à moi, comprenez-vous. J'avais sa peau dans la mienne, elle avait ma peau. Un jour la guerre, un jour la paix, c'est l'amour.

En allemand roquet se dit *Teufel* qui veut dire aussi diable ou diablesse. On peut battre une diablesse, non ? Comme on battrait son chien pour lui apprendre à donner la patte.

J'ai tiré Nadia dehors par les chevilles, et comme ça, le long du couloir, jusqu'à la chambre d'Andrew. Je l'ai remorquée sur les soies acryliques du vieux tapis, comme on remorque un poisson flapi sur des galets.

Pas joli-joli quand je l'ai remise debout, la chair de l'abdomen couperosée par les frottements, des éraflures jusqu'au menton. Le bruit avait alerté son altesse Drew qui nous attendait prudemment devant sa porte en kimono vert pomme, un albuplast sur l'arête nasale.

Nadia souriait, madame, elle souriait imperceptiblement mais elle souriait, à moi. Je me suis concentré sur le pif de Drew pour ne pas lui mettre mon poing dans la gueule jusqu'aux dents du fond.

« Vous avez cinq minutes pour décamper, les deux Fritz, c'est tout ce que j'ai à vous dire. »

J'étouffais de rage et mes poumons haletants se pressaient dans ma bouche déshydratée avec mes paroles.

« Eh bien moi tout ce que j'ai à dire, a répliqué Nadia, c'est que je suis enceinte. »

Elle souriait toujours.

9.

Neuvième jour.

Für ein Mann, als ich bin... une femme enceinte, la mienne. Ça m'a rappelé maman. Curieux, non ? J'ai vu maman allongée sur la plage de Lacanau Océan. Une photo que mon père avait dans son portefeuille. Elle est enceinte de moi sur la photo. On n'imagine pas qu'elle va tomber malade quelques jours après ma naissance, à cause d'un abcès malin. On n'imagine pas qu'elle est enceinte et que je suis présent quoiqu'invisible sur la photo, comme la souris du Petit Prince ou le mouton, je ne sais plus. C'est tout à fait comme ça qu'elle me voulait.

Vous avez dérouillé mes cordes vocales, Madame, et surtout ma conscience, en me faisant raconter cette histoire. J'ai rêvé toute la nuit, je n'ai même pas entendu chicoter les souris. C'est elles qui sont au violon, vous savez... Dans mon rêve c'était Noël, mon premier Noël conscient à Lacanau, j'avais trois ans, je voyais devant la cheminée du salon le fronton blanc d'un mini-théâtre de Guignol aux satins rouges froncés, et sur le rabat d'une scènette en bois verni luisait une mini-bouteille de champagne en chocolat qui renfermait une cerise à l'eau-de-vie. Oui Madame une cerise, une cerise à l'eau-de-vie dans le plateau d'une balance où votre cœur pèse de tout le poids d'un péché mortel.

Nadia est enceinte et je suis bigrement content, les nuages se dissipent, j'ai probablement les nerfs démolis par le train d'enfer qu'on mène au restaurant... Je mouille au bas mot trois liquettes par jour à courir dans tous les sens, le nœud coulant d'une cravate bien serré sous la pomme d'Adam. J'ai dû être impossible à vivre ces derniers mois. Je me sens le cœur chaud d'un grand enfant lorsque je pense à mon enfant.

Voyons, quand me suis-je uni à Nadia pour la dernière fois ? Ça doit être le soir où j'ai vexé la terre entière en m'écriant « Heil Hitler » comme un forcené devant les clients. Ce soir-là pas une table ne s'est abaissée à réclamer l'addition. On s'en est sorti en offrant le champagne à la compagnie.

Et quand, la fois d'avant ?... Aussi étonnant que cela puisse paraître, c'est à l'évidence Nadia qui s'est glissée dans mon lit, il faisait nuit noire, elle m'assurait que j'avais besoin de prendre une douche et me tapotait le bout du nez avec le savon à la violette que j'utilise depuis mes premières années d'enfance à Lacanau. Si c'est une fille, il ne serait que juste de l'appeler Violette. Et si c'est un garçon ? Désir. Je me doute que Nadia n'est pas à court de prénoms qui risquent fort d'envenimer nos discussions dans les semaines à venir, surtout si Drew s'en mêle, ou Manfred.

Pardon de vous donner ces détails sur ma vie privée, Madame. Je suis né sous une bonne étoile et je ne serais pas l'homme que je tiens à rester si je faisais des manières avec mon histoire vraie. Chez le docteur il faut dire où l'on a mal. Je n'ai pas moins mal en vous parlant mais j'apprends à domestiquer la douleur, comme une souris rétive pour laquelle on se prend d'affection. Vous avez dérouillé mes cordes vocales, je le répète, mais surtout vous avez mis dans mon violon d'Ingres une bienfaitrice inespérée. La souris Douleur, la souris Conscience. Le prénom va de soi.

J'ai présenté mes excuses au frère de Nadia, dédommagé les Beurettes qu'il n'avait pas osé loger sous sa couette à lui, mais au sous-sol du Pavillon dans un local du personnel féminin. Pour moi pas d'excuses, a dit Nadia, j'exige seulement que tu trouves pour ton beau-frère un job dans ses cordes, et pas cette gnognotte d'arrangements décoratifs pour fille à papa décérébrée, non, un job viril.

« Directeur, ça irait ?

- Drew aimera mieux Manager.

- Manager, OK. *Gueneral Manager.* »

Elle sourit. Elle est soudain proche de moi. Je me pousse du col.

« Ce serait bien qu'il ne s'interpose plus entre nous, mon cœur. »

Elle se jette à mon cou, frissonnant des pieds à la tête, sa libido lui donne la tremblotte.

« La première fois que tu es entré dans mon bureau chez Baccarat, tu te souviens ? Je ne savais plus ce que je disais. Je venais de voir apparaître l'homme de ma vie... »

Ça ne s'invente pas, les frissons d'une femme énamourée contre vous. Je la pétris dans mes bras, je la bisouille un peu partout. Je n'ai pas rêvé, je suis l'Homme de Nadia, je finissais par avoir un doute.

« ... Marre des trouble-fête... ou plutôt des parasites. Ça relève du vermifuge ou de la soude caustique, ce genre de pignouf.

– C'est mon frère...

– Moralement moins appétissant qu'une canalisation bouchée. »

Et je lui caresse le ventre, et Nadia se laisse caresser, et je crois bien l'entendre ronronner sous mes caresses.

« Je suis soulagée pour Drew... Si fragile et bravache en même temps. J'ai toujours peur qu'il fasse une connerie. »

Je vais reprendre, excusez-moi... Vous allez peut-être juger qu'elle a raison et que moi je suis un balourd à gros sabots. Comment dire... Physiquement... je suis quelconque, il faut le savoir, et les von Ziegler c'est tout l'inverse, on est intimidé en les voyant... Par leur beauté, leur bouche dessinée comme la bouche des statues, la couleur de leurs mains, par leurs yeux bleus. Moi aussi, Madame, je suis blond, j'ai les yeux bleus, mais laissez-moi rire, j'ai l'air d'un gugus à côté d'Andrew, de Nadia ou de Manfred, octogénaire pourtant et droit comme un if. Je ne suis qu'un von Lacanau, fils de boutiquier, un de rien du tout.

Ce matin-là j'oublie, ma femme est dans mes bras, enceinte, et je désire l'embrasser. Elle me repousse... Je dirais même : elle me repousse avec dégoût, moi l'homme de sa vie. Elle m'assure qu'on a passé l'âge de s'embrasser, que c'est indigne d'un couple marié, que pour sa part elle a tourné la page aux galipettes et zizi panpan. Comment ça, Nadia ?... Elle me dit d'arrêter ces questions puériles et que c'est l'heure des livraisons. Elle est enceinte et sa vie de femme est une vie de mère, à présent, son corps celui d'une maman, pas un réceptacle de fille à soldats, n'importe quel mari comprend ça. Je ne suis pas n'importe quel mari, je suis *ton* mari. Nadia lève les yeux au ciel et se met à pleurer. Elle parle à toute vitesse, d'une voix hachée par l'émotion, elle est surtout la femme d'un con, elle m'aime tellement, elle n'aurait jamais cru qu'elle renfermait autant d'amour, elle m'avait épousé malgré ses parents, ses amis, son frère, malgré son bon sens légendaire et malgré le fossé culturel entre nous deux, malgré mes origines modestes et mon accent ni fait ni à faire, eh bien oui, par amour, et moi je trouvais le moyen de rouspéter le jour même où elle avait besoin de trouver un appui chez l'homme de sa vie, le père de son enfant. Au lieu de penser à l'enfant, je ne pensais qu'à tirer mon coup, excusez-moi Madame, elle a bien dit ces mots. La page était vraiment tournée. C'était la dernière sur le livre d'amour où l'on comparait nos bronzages en nous savonnant mutuellement sous la douche.

Sept mille euros nets mensuels pour le beau-frère, une voiture de fonction, une Mastercard Platine grand veneur, du pur tape à l'œil pour moi qui roule en Visa bleue classique à débit immédiat, un bristol où c'est gravé : ANDREW VON ZIEGLER – KOBOLD MANAGER. Il faut bien exister et s'ébrouer dans une axistence qu'axiste pas. L'ANDREW VON MANAGER axiste à fond les manettes grâce à nous, Nadia et moi. A vraiment Kékun, le Kobold Manager. Il occupe à temps plein la suite Philips Moore, un appartement non moins vaste et tourné plein sud que notre Wimbledon, avec vue sur les marronniers du stade Roland-Garros, et je n'oublie pas le boniment des mésanges du Parc floral, et la mate harmonie des smashes de haut niveau les jours de tournoi.

Ce sont deux emplois fictifs qui grèvent désormais les économies vacillantes du restaurant : celui d'une épouse et celui d'un beau-frère qui parlent allemand dans mon dos.

Est-ce qu'il en a les moyens, mon Prince Kobold, isolé qu'il est à l'orée du bois d'Auteuil ? Est-ce qu'il ne court pas à la ruine, ce vieux paquebot sans destination ? Drew me suggère d'augmenter les prix, ma femme de les casser, d'imaginer des formules ric-rac pour appâter les étudiants et les vieux, moi j'aimerais savoir d'abord s'il se trouve seulement une clientèle à faire saliver dans ce patelin dont les renards prennent possession au coucher du soleil, chiant sur la terrasse ou mangeant les petits pains des couverts dressés, voire les serviettes artistement pliées par mes soins.

A cinq cents mètres de là sont les boulevards Murat, Suchet, la rue Poussin, le gratin du standing résidentiel, un possible va-et-vient d'ambassadeurs et d'émirs se pressant avec leur famille sur mes banquettes rembourrées à neuf, n'arrêtant pas d'avoir soif, de payer en devises, ce pur plaisir des yeux que le fisc rêverait d'avoir dans son rayon visuel.

On les attend toujours, les émirs, les diplomates et leur progéniture gâtée pourrie.

Le client, mettons-nous dans sa peau. On est client soi-même après tout. On n'aime qu'à moitié le restaurant du bas de chez soi. C'est à lui qu'on pense en dernier lorsqu'on part en goguette avec sa copine. On veut voir la ville, changer d'air. On affrète un beau taxi noir Club Affaires et roule-ma-poule, c'est la fête, on mange mal pourvu qu'on mange loin, on se fait engueuler par le patron pourvu qu'on mange loin, dépaysé, et lorsqu'on rentre à la maison c'est avec la satisfaction d'une vraie sortie.

On les attend aussi les clients des antipodes en beaux taxis noirs.

Pour être honnête ça marchotte à midi, mais le soir on est entre nous. Les serveurs avachis jouent aux dominos dans la salle, la brigade s'occupe des fonds de sauces qu'il faudra jeter avariés un jour ou l'autre, le bar se dépense en néons gaspillés pour deux ou trois soulographes d'âge mûr, accompagnés d'amies sensiblement moins âgées qu'eux, plus sobres, soumises au dicton jamais égalé depuis que le monde est monde : « Ça se lave et ça ne s'use pas. »

Rangés d'équerre au bout du comptoir de zinc, les appareils à pomper les Mastercard semblent bien tristounets sur leurs sabots. C'est ta faute, dit Nadia, tu t'y prends comme un manche avec le business. Madame Müller est persuadée qu'un mauvais œil fait fuir les dîneurs friqués. Je parie qu'elle cherche à qui profite le crime. Je le sais par Drew, son homme de confiance. Elle aimerait que je renvoie mon chef de cuisine, maître Thibault, un rôtisseur né qui s'est un jour permis de la complimenter sur ses rondeurs, assurant qu'elle ferait un malheur en lièvre à la royale.

Thibault n'est jamais pour moi que l'arrogance personnifiée dans la peau d'un jeune homme de vingt-quatre ans, toujours en noir, cultivant la noirceur des apparences et du style, un regard clair comme l'eau de roche derrière une interminable mèche en aile de corbeau. Moi je le paie seulement pour rôtir et donner aux clients le sentiment qu'ils s'y connaissent en pinard.

On se refait aux beaux jours, avec la résurrection des terres battues, l'arrivée des Russes dispendieux – grands millésimes, caviar à la louche, champagne à gogo, cocktails effrénés sur la terrasse, le jackpot. L'été c'est les vacances, à l'automne on casse les prix, on tient le Prince par les cheveux à la surface du grand plongeon. Mon avocat, celui qui bouffe à l'œil avec son pote du commissariat, a toujours la banane : les murs, les mètres carrés, le boom immobilier, les flaflas du banquier ça lui suffit, tout baigne pour les resquilleurs.

Le livre comptable me fout les jetons. Mme Müller me fixe rendez-vous pour l'examiner en détail. Elle me cherche partout, ne me trouve jamais. Je suis au deuxième sous-sol du Pavillon, là où un puits s'alimente à un bras mort de la Bièvre. Personne n'y vient. C'est méphitique et glacial. Il y a une lampe à pétrole encastrée dans un logement. Je fais tourner mes souris en secret. Mon violon d'Ingres.

« Manfred pense que tu dois investir. »
« Andrew pense que tu dois investir. »
« Thibault pense que tu dois investir. »
« Mme Müller pense que tu dois vendre. »

Je cherche à éloigner Drew des affaires du Kobold.
Nadia voudrait lui confier une mission qu'il ne faudrait confier qu'à soi-même : l'achat d'une résidence secondaire, une campagne aux alentours de Paris. Comme si nous n'étions pas déjà suffisamment à la campagne, ici, beaucoup trop à mon gré d'ailleurs.

« Ça va l'occuper au moins deux ans. On sera bien contents de se mettre au vert quand le bébé sera là.

– D'accord, mais c'est nous qui signons les chèques.

– Ton manager n'a pas la signature du chéquier, trésor, aucune procuration à la banque, et il ne détournerait pas un centime.

– Qu'il détourne un centime et...

– Et ?

– Et rien. »

Il n'y a plus un centime vaillant à détourner des comptes. Le Pavillon Kobold est une nef sous-marine en immersion lente au pays des centimes frappés d'agios.

10.

Dixième jour.

Chaque fois que vous partez j'ai un point au cœur, Madame. Je pense que vous ne reviendrez plus, que je vous ai vue pour la dernière fois. On aimerait avoir mieux qu'un tabouret à vous offrir. On sait qu'un minimum d'hospitalité fait de l'homme un être humain comme le bon Dieu voudrait qu'il soit tous les jours.

On n'est pas dans la restauration par hasard, vous pensez bien. Papa désirait exaucer un vœu de jeunesse, le nôtre Madame, en nous offrant pour Noël un grand restaurant sur l'avenue d'Auteuil, ce Prince Kobold tombé en faillite à la mort du fondateur, parce que son ayant-droit de fils, aussi Ruskof que lui, en plus gredin, obligeait les clients à danser le pas de l'ours et autres csardas quand il s'alcoolisait au brou de noix, un spiritueux maison. On est tempérants, Madame, nous autres les Morell, et pourtant le Kobold est reparti en faillite. On peut aller jusqu'à dire en fumée, sauf qu'il est mensonger d'affirmer qu'il a brûlé lorsqu'on aurait épluché fort à propos notre contrat d'assurance avec une arrière-pensée vers les garanties en cas de sinistre total. Oui, c'est faux. Je me suis embusqué au deuxième sous-sol pendant l'incendie, et quand ils ont fini par s'engager dans l'escalier, c'était après avoir balancé des artifices lacrymogènes. Ils auraient pu tuer mes souris mais elles étaient déjà parties vivre ailleurs, et pas de leur propre initiative évidemment. Je crois savoir qui m'a fait ce coup-là.

J'en étais au moment où la patronne est enceinte du Bordelais typique, et redouble d'ironie contre moi. C'est un crève-cœur d'aller dormir seul dans ma suite Wimbledon, avec mon épouse au bout du couloir dans la suite Indianapolis. Les soucis cumulés me rendent insomniaque. Je me serais adonné à l'usage excessif de la boisson, j'imagine, si je n'avais eu, la nuit, ces dizaines de livres pour me tenir compagnie. Je les achetais dans l'ordre de la liste que ma femme avait dressée à mon intention quand je l'avais connue. En un an j'avais lu l'*Histoire de l'Empire romain* par Gibbon, l'*Histoire de la civilisation grecque* par Thibaudet, *De la Guerre* par Clausewitz, *L'Art de la guerre* par Sun-Tzu, *La Montagne magique* par Thomas Mann, l'*Histoire de l'armée allemande* par Benoist-Méchin. J'étais comme un spéléologue papillonnant d'un gouffre à l'autre et perdant tout contact avec les âmes de surface. Je me distrayais aussi avec des Bob Morane ou les journaux de mode que lisait Nadia pour se tenir au courant. Elle levait les yeux au ciel quand je lui montrais ma liste cochée d'un nouveau titre ou quand j'essayais de lui raconter un passage qui m'avait bien plu. Elle rajoutait des noms. J'ai l'impression qu'elle était vexée de mon plaisir à lire sur ses recommandations. Comme si je l'avais provoquée.

Il fallait toujours qu'elle ait le dernier mot :

« Et *Le Château* tu l'as lu ?

– Je n'ai pas lu *Le Château.*

– C'est le roman préféré de Manfred. Il dit que tu es le personnage du *Château.* Tu as des poches et des boutonnières qui ne servent à rien. Tu t'approches indéfiniment d'un livre que tu ne liras jamais. »

Un matin j'arrive au petit-déjeuner.

« J'ai lu *Le Château*, cette nuit.

– Tu crois que tu l'as lu, mais ce n'est pas ce que j'appelle lire.

– Qu'est-ce que tu appelles lire ?

– Tu te contentes d'avoir eu des mots sous les yeux. Tu lis comme d'autres s'adonnent à la boisson. »

Elle finit son thé en silence et me dit en souriant :

« Même si tu lisais tout Kafka ça ne changerait rien. La caque sent toujours le hareng. »

11.

Onzième jour.

C'est une Eva qu'elle attend, madame. Elle aurait pu nous attendre un petit Adolf, mais c'est une Eva.

Moi, si l'on avait écouté mon avis c'est bien simple. Mon père s'appelle Henri, ma mère Chantal.

Il fallait marquer le coup, je flairais une ambiance à la maison comme si je n'avais que trop attendu pour manifester mon amour aux miens, un petit cadeau que Nadia recevrait. Déjà, j'ai remonté du puits un pot de caviar que je mis au frais sous une boîte de gros pâté Hénaff, que Drew ne fasse pas main basse sur ma ponte de Beluga iranien. Puis je courus avenue Montaigne acheter un bracelet d'or blanc payable en dix mensualités dont j'acquittai la première en vendant la bague de fiançailles de maman.

Nadia fit honneur au caviar et pas honneur du tout au bracelet qu'elle trouva mastoc et bon pour une pétasse de camionneur. Elle se mit à pleurer tout en cajolant son ventre d'une main consolatrice. Elle avait le ventre plat, le cœur gros. Une babiole pour Eva l'aurait bouleversée : un coquetier en argent, une cuillère à bouillie sans prétention, un pois chiche dans un hochet de métal argenté, rien qu'un bonnet de lutin comme il y en a chez Phare de la Baleine, au marché couvert de Saint-Germain-des-Prés.

« Mais de quoi j'aurai l'air avec ce bracelet, dis-moi un peu ?

– Il en jette !

– Tu veux insinuer qu'il est cher. Avec toi c'est l'argent qui compte, toujours l'argent. On dirait que tu veux m'acheter comme une cocotte.

– La princesse Diana a le même.

– Ce qui est bon pour une princesse est bon pour un cageot dans mon genre, de mieux en mieux ! Et pourquoi tu choisis Diana ? Tu la trouves mieux que moi ? Tu fantasmes sur la blondasse de Buckingham ?

– Au contraire, je...

– C'est bien vrai que tu es le personnage du *Château*, tu n'y arrives pas... Toujours à côté de la plaque... Incapable d'émerveiller ta femme avec une minuscule intention jolie quand elle attend cet amour de petite fille qui n'est pour rien dans tout ça. Quelle tuile ce mariage ! »

Nadia était de ces gens que leur dernier mot ne rassasie qu'à moitié.

« Et pourquoi payer cette breloque quand ta femme hésite à s'acheter des chaussures pour te faire honneur en salle devant les clients ? Tu me présenteras tes comptes bancaires à l'avenir. Je trouve ta madame Müller bien cachotière avec nos finances. Tu n'as pas l'air de réaliser que tu as une bouche de plus à nourrir. »

L'après-midi, je suis allé faire les boutiques à Saint-Germain-des-Prés et je me suis procuré le bonnet de lutin premier-âge au Phare de la Baleine. La vendeuse m'a félicité pour mon choix. Je lui ai pris aussi les socquettes de lutin, le crabe de lutin doté de magnifiques brandillons en peluche rouge sang. Le tout ne coûtait pas le dixième du fermoir de mon stupide bracelet. Si j'avais fait l'emplette du magasin, j'aurais été loin du compte par rapport au bracelet. J'ai fait rajouter un duo de langoustines bleues, la maman langouste, et le voilier deuxième-âge en bois pastel, le même que j'avais à Lacanau. J'avais bien envie de verser une larme, au souvenir du gamin solitaire au bord de son étang qu'il prenait pour la mer.

A dix-neuf heures, j'arrivais chez moi, des paquets plein les bras et d'une humeur de peluche, entendez par là que je nageais dans l'irréalité d'un bonheur de conte de fées.

J'ai trouvé la famille von Ziegler à table, au salon Kobold, un boudoir ovale tendu de velours grenat, très apprécié des clientèles huppées, avant mon esclandre avec Drew. Il y avait là mes beaux-parents et leurs enfants, ils dînaient : Ingrid, Drew, Nadia... C'était bizarre, sortant du Phare de la Baleine, de les voir manger ce qu'ils mangeaient, arborant l'étole de dégustation ornée d'un homard rouge ketchup, des pinces comme des raquettes de trappeur.

Chacun ses tenailles de fer, chacun son homard de Roscoff devant lui, cinq de mes plus beaux pur-sang subtilisés dans l'aquarium du vestibule où la société Guénoum vient mouiller chaque mois des crustacés vivants après la marée.

Ça cassait, fracassait, croquait, se taisait à qui mieux mieux, m'ignorait. C'était lugubre, servi par le non moins lugubre Thibault qui veillait à remplir de sang les baccarats des pique-assiettes, une main pour verser, l'autre pour torcher la gueule d'une carafe à tête de cygne.

Manfred avait sa flasque d'arak à droite du baccarat. Je suis entré sans qu'ils me voient, homme invisible porteur de paquets invisibles, moi les homards en peluche, eux les homards de Roscoff. J'ai pris position derrière Nadia, j'ai posé une main sur son épaule.

« Alors, c'est bon ?

– On est en train de dîner... Prends-toi une chaise si tu veux. »

Prends un verre si tu veux.
Prends un homard si tu veux.
Prends la porte si tu veux.
Fous-nous la paix si tu veux.

« Vous fêtez quoi sans vouloir être indiscret ?

– A ton avis, patate !... Au Tyrol, la coutume veut qu'on mange des écrevisses quand la femme est enceinte, mais à la guerre comme à la guerre. Tu n'aurais pas une ampoule plus puissante pour ce lustre ? »

Change l'ampoule si tu veux.
Electrocute-toi !

« On y voit comme dans le trou du cul d'un nègre.
– Ou dans un four, j'ai dit. Un four à nègres. »

Qu'est-ce qui me retient de l'embrasser sur la bouche ? Une femme enceinte de mes œuvres... Ma femme, mon livret de famille, ma von Ziegler à moi devenue Morell.

J'entends respirer Thibault sur le côté. Essayez donc de croiser son regard de cyclope, prunelle gauche, prunelle droite, entre les deux, la mèche noire en lame de couteau. Je sens une douce colère s'agiter en moi. Je suis d'une patience océanique face au culot des emmerdeurs, mais les océans si j'ai bonne mémoire en arrivent à se briser sur des seuils qui les émiettent en menus morceaux. Je lui dis la rage aux dents :

« Vous feriez pas mal de donner un coup de main en cuisine, vous !... »

Nous n'avons aucune réservation pour la soirée.

« ... excellente idée, le décrassage des hottes d'aspiration ! Et la mèche aussi, décrassez-la-moi d'un bon coup de sécateur. »

La scène se déroule sans que mon beau-père ou ma belle-mère aux cheveux roulés en coquilles sur les oreilles ait dénié broncher un cil à mon intention, encore moins dire « bien le bonsoir » à l'aubergiste qui rentre chez lui.

Ingrid n'était pas plus causante, rassurez-vous, mais elle m'embrassait du regard, tout en suçotant l'intérieur d'une longue patte rose d'une manière telle que j'en avais des sueurs froides.

Et qu'est-ce que je vois soudain, moi qui passe pour le type jamais au courant de rien, d'une clairvoyance de vieille taupe quand il est concerné ? Au poignet de ma belle-mère, le bracelet d'or blanc. Ma belle-mère, oui-da ! Mon bracelet, que je comptais bien revendre au poids du métal. C'était fou... Je pensais bien l'avoir caché dans ma boîte à souris... Sans doute que non, Nadia s'était contentée de me faire les poches cet après-midi.

« Le bracelet, j'ai dit.

– Maman est ravie, pour une fois que tu fais un cadeau à ta belle-mère. »

Je vous décris les faits pour que vous saisissiez bien que l'atmosphère se détériorait au Kobold et qu'une femme qui vous aime peut aimer aussi vous faire souffrir, et même à proportion des sentiments qu'elle a pour vous. Ce qu'il serait intéressant d'envisager, à présent, c'est pourquoi ça met du baume au cœur des femmes la souffrance de ceux qu'elles aiment. Un obscur besoin d'éliminer, sans doute.

« Tiens, j'ai dit. Et tiens puisque vous avez un tel besoin de cadeaux. »

J'étais étonné du bruit ronflant de ma voix dans ma bouche. L'un après l'autre, j'ai déchiré mes sacs à grand bruit. Je tremblais, je tremblais comme je tremble maintenant en vous disant les choses. Je tremblais parce que mes nerfs me remontaient en bloc au cerveau, et que je cessais d'être moi, ce moi qui dit : moua, comme le chien dit : oua. Vous comprenez pourquoi ce n'est pas moi qui ai tiré sur Nadia le soir où le Kobold a pris feu ? Parce que le moi, dame, elle en avait fait de la bouillie pour les chats depuis. Oh ! je n'ai pas la date exacte, mais sans doute à l'instant même où je l'avais vue chez Baccarat.

Ensuite ? Ensuite il s'est passé que l'âne était venu chez ses frères, et les homards chez les ploucs de la haute, j'ai balancé mes bestioles bleues en travers de leur mayonnaise et de leurs rince-doigts, et que Manfred s'est mis à boire son arak au goulot.

Oh oui, si c'est une arme à feu que j'avais eue sous la main, j'aurais sûrement tiré dans le tas. Peut-être qu'ils seraient tous morts, leurs belles serviettes autour du cou, du homard plein la panse, si je l'avais eue.

Nadia n'a rien dit de particulier. Tout ce qui provenait de ma personne semblait ne pouvoir susciter chez elle que mollesse et réprobation.

« Te voilà bien avancé, elle a dit. Tu n'as plus qu'à nettoyer. »

La nuit, toujours la nuit, lorsque je visionne le film de ma vie, je me demande à quel moment j'aurais pu l'arrêter pour changer la suite. A Lacanau, j'imagine, quand mon violon d'Ingres c'était le stop et pas encore les souris. Comme je vous l'ai dit, j'étais un enfant solitaire, je voulais faire du stop autour du monde, partir loin. Qu'est-ce que tu feras plus tard :

je partirai loin. Un jour, au Costa-Rica, je suis arrivé cinq minutes après l'heure du rendez-vous qu'un type m'avait fixé. J'avais pourtant fait des centaines de kilomètres pour être à midi tapantes dans ce bistrot du bord de la route. Le type déjeunait sur la terrasse. Il m'a reconnu alors que nous nous voyions pour la première fois. Il m'a montré un point vague au centre de sa paume en sueur, je n'ai jamais oublié les paroles qu'il a dites en espagnol, en regardant l'horizon par-dessus la route.

« La chance, petit, c'est une perle rare... On ne la voit briller qu'une seule fois dans l'huître béante, il faut la saisir à temps. »

Et brusquement, il a refermé la main.

12.

Douzième jour.

Ah vous voilà, je commençais à m'inquiéter. Une souris m'a mordu tout à l'heure, regardez-moi ça. Je ne sais pas si c'est l'odeur du sang, mais je les trouve bien agitées ce matin. Vous entendez ? Je doute qu'elles veuillent tourner aujourd'hui, même pour vous. Qu'est-ce qu'elles ont ? Qu'est-ce que vous avez, mes fifilles ? Les ronflements, peut-être, qui les empêchent de dormir la nuit. Elles vont demander à faire chambre à part, elles aussi. La condition pour que Nadia revienne au lit, c'était que je me fasse opérer du nez. Je me suis toujours défilé pour elle. Pour mes souris, je veux bien passer sur le billard.

J'ai terminé la lecture du *Kalevala*, tout à l'heure, cinq mille pages très monotones de légendes vikings. Avec le *Kalevala*, j'en ai fini de la liste de Nadia von Ziegler, vaincue. Je vaincrai jusqu'au dernier bouquin. Je suis dessoûlé de mon amour pour elle. Il m'aura fallu douze ans de réclusion criminelle pour explorer le rayon supérieur d'une bibliothèque où il en existe huit autres aussi bien fournis. Mais lirais-je et relirais-je tous les volumes de la bibliothèque d'Alexandrie que la caque sentirait toujours le hareng, je sais, et ma main droite le parfum si particulier du criminel.

J'ai du mal pour la suite, la suite et fin, après ce numéro familial au salon Kobold, j'ai l'impression que les aiguilles se sont emballées sur les cadrans, tout comme l'instinct de vie se dérègle chez les mouches retournées qui battent des pattes en plein ciel.

Il s'est écoulé plus d'un an, mais dans ma tête je n'ai que des flashes d'une ou deux secondes pour éclairer ça. Je veux bien être pendu si j'ai vécu cette année-là. Je plains les patients qui renaissent du coma, l'esprit vide de ces milliers de jours où ils ne faisaient rien d'autre qu'être absents. J'aime bien votre nouveau parfum, madame. Je ne sais pas pourquoi j'ai l'impression d'un nouveau parfum.

Quand Eva est née, c'est moi qu'une sage-femme aux sabots blancs a chargé de couper le cordon ombilical, si je n'avais pas froid aux yeux. Il suffit de se concentrer sur cette grosse veine à sectionner entre les mains de l'accoucheuse et de penser à la vie, j'ai pensé très fort à la vie.

Ça y est, j'étais le papa d'Eva. Moi, j'étais content, je marchais sur un nuage, on ne peut pas dire que

Nadia manifestait beaucoup d'enthousiasme en ma présence. Tout ce qu'elle voulait c'était m'envoyer faire les courses pour la petite, encore du matériel, toujours plus de matériel pour ce bout de chou.

Devant mes beaux-parents, je savais me tenir, mais la brouille était consommée, qu'est-ce que vous voulez – pas officielle mais consommée. Ce qui ne les empêchait évidemment pas de venir se taper la cloche au Kobold une fois par semaine et de noyer leur chagrin dans du vin de ministre. Et de s'éclipser après le café sans pourboire ni vestiaire, sans un merci.

Nadia est sortie de la clinique et pour moi c'était l'occasion rêvée de lui demander ce qui n'allait plus entre nous. Vous savez ce qu'elle me répond ? Elle me répond : « Tout va bien. » Il faut l'entendre, ça.

« Ma chérie, ça pourrait aller beaucoup mieux.

– Pour toi peut-être, alors ne viens pas me poser la question. Ce qui se passe entre toi et toi te regarde toi. C'est ton jardin secret.

– Allons, Nadia. Tu te plains de mon accent, de ma façon d'être, je t'agace en tout.

– Tu ne fais aucun effort pour changer... Il faut bien que je t'accepte comme tu es, c'est un choix !

– Autrefois j'étais l'homme de ta vie.

– Tu reconnais que tu ne fais aucun effort, que quand je dis blanc tu dis noir, que tu voudrais surtout vivre seul comme un ours...

– Je voudrais redormir avec toi comme au début.

– T'as bouffé un clown ?

– Un clown bien malheureux. »

A ces mots j'en ai pris pour mon grade, sa famille que j'injuriais, sa petite sœur Ingrid que j'avais tripotée, son frère que je ramassais quoi qu'il puisse dire ou faire. Oui, j'étais bien l'homme de sa vie, si je désirais en avoir le cœur net, mais l'homme de sa vie n'avait rien à dire à part qu'il était un ancien soldat, qu'il avait vu la mort en face et qu'il était redevable au drapeau des plus beaux souvenirs que mémoire humaine puisse engranger. Qu'il ait besoin à la nuit tombée de tirer son coup avec la femme du moment, prouvait seulement qu'il aimait tirer son coup, et pas du tout qu'il aimait la femme en question. Et, tout en parlant, elle avait son petit doigt dans la bouche de la petite à l'arrière de la voiture. J'ai ajouté quelque chose mais elle m'a dit que je parlais trop fort pour les tympans d'un nouveau-né. Mon idée c'était qu'elle m'en voulait pour *Le Château*. J'aggravais mon cas d'homme typique et provincial en ayant lu *Le Château*. La caque, le hareng, c'était ça mon élément, mon oubliette. *Le Château* c'était bon pour Manfred le magnifique. Je l'avais lu par effraction.

« Et franchement je ne vois pas ce qui pourrait me décider à redormir avec toi dans les mois qui viennent. »

Voilà qu'un an plus tard, je suis réveillé par Nadia qui s'enlace à moi parmi les ténèbres. Je m'enlace à mon tour avec elle, aussi machinalement que si nous faisions ça toutes les nuits. Je lui raconte que je laisse ma porte entrebâillée chaque soir pour lui suggérer de venir à moi. J'étais heureux, madame, consolé de cette solitude endurée depuis si longtemps. Ma femme tremblait contre moi, rappelez-vous, c'est quelqu'un que le désir amoureux fait trembler des pieds à la tête. On se chuchotait je ne sais quoi d'incompréhensible et d'à moitié endormi, je respirais dans son cou l'odeur aigrelette d'Eva dont c'était le premier anniversaire. Quand j'ai voulu glisser ma main entre ses lèvres, elle a paru s'éveiller pour de bon. Son cri m'a cassé les oreilles, elle s'est redressée d'un bond en m'insultant, elle pleurait de rage. Salaud, qu'elle me disait, salaud, je rêvais que je t'aimais.

« Tu m'aimais ?

– Je t'aimais dans un rêve, salaud, qu'elle me dit, uniquement dans un rêve, toi je ne t'aime pas, dégage de mon lit.

– On est dans mon lit, Nadia, j'ai dit, si tu veux je peux aller coucher sous ta couette. »

J'essayais encore de m'enlacer avec elle et de lui choper les seins.

« Si tu peux rêver que tu m'aimes, c'est une preuve d'amour, de désir. »

Elle s'est jetée à mon cou puis m'a repoussé violemment.

« Va t'en, Martin, quel prénom à la con ! Ton corps est gras, et tes dents, tes sales dents ! »

J'ai voulu discuter, elle me repoussait... Une femme, c'est comme une arme. On la trouve belle, on la tripote, on lui parle en douceur, elle ne répond jamais. Un méchant mal de tête me cisaillait les tempes. J'ai allumé la lumière et saisi Nadia par les oreilles, j'exigeai une explication.

Elle m'est tombée dans les bras, frissonnant de ce frisson qui ne peut être un mensonge, qu'elle avait souvent plaqué désespérément contre moi.

« Je ne veux pas te perdre, Martin, c'est tout. Je ne sais pas ce que je veux. Te garder, te perdre. »

Droguez-vous, Madame, un jour, oyez une mauvaise nouvelle et dites-vous : c'est sûrement moins grave que ça n'en a l'air... Drogue ou pas, quelle que soit l'épaisseur du matelas qui vous sépare de la réalité, la mauvaise nouvelle atteint son objectif aussi furtivement que la plus douce des torpilles, et boum !... Droguez-vous, Madame. Faites-le un jour où vous attendez que le ciel vous tombe sur la tête. Il tombera, c'est sûr, vous serez décapitée. Je suis un être décapité après que Nadia m'a parlé cette nuit-là.

13.

Treizième jour.

On arrive au compte à rebours, Madame. Herr Doktor Manfred ne peut plus être d'aucune influence sur le cours des choses où sa fille chérie, sa Mädchen, avant que le coq ait chanté le coup d'envoi des prochaines vingt-quatre heures, va lamentablement s'empaler sur une balle perdue, comme en lâchent les ordonnances, au combat, pour signaler que leur maître l'officier n'a peur de rien. Je n'ai jamais été qu'une ordonnance, Madame, un pauvre « tampon » comme on disait dans l'armée tchèque des Habsbourg en souvenir de Napoléon, fier et veule en même temps. Et c'est en l'air que j'ai tiré mes bastos calculés dans tous leurs paramètres pour fouailler à mort la triste chair de la bête, de l'animal humain.

Allons donc, c'est en homme d'honneur que j'ai débarqué à cette pantomime de procès criminel. J'ai regardé le juge droit dans les yeux. J'ai dit oui quand c'était oui que méritait la question, et non quand c'était non. Mais sachez-le, qu'ils le sachent tous, un homme tel que moi ne vend pas la mèche à cette justice de parade, il y a toujours un moment où la souffrance est un bien sacré que vous défendez bec et ongles, alors bas les pattes, pendez-moi si ça vous chante. On m'aurait guillotiné que j'aurais perdu la tête sans fermer les yeux.

Nous sommes le 21 mars 2000, et demain c'est le premier anniversaire d'Eva. Ça s'arrose une première bougie plantée tout allumée dans la génoise. Ça s'arrose vous allez voir comment.

14.

Quatorzième jour.

Je suis toujours au lit avec Nadia. Une pensée me secoue la caboche, un trait de feu.

« La petite dort où en ce moment ?
– Avec Thibault, au bout du couloir, il adore les bébés.
– Elle dort avec Thibault ! »

Si je savais que Drew logeait sous mon toit, j'ignorais que le Parisien Thibault eût la clé de la chambre Billie Jean King, et qu'il fît sa nuit plusieurs fois par semaine au Kobold.

J'ai saisi Nadia par les oreilles, comme un salopard de lapin, celui qui fait dégringoler la pression des baromètres à bord de navires par les nuits sans lune.

« Eva dort avec Thibault ?
– Dans sa chambre, oui. Toi, tu lui fais peur avec tes ronflements. »

Alors elle me dit... Je suis incapable de répéter des mots pareils. Ils m'empoisonnent assez comme ça.
C'est vrai, je n'étais plus moi quand c'est arrivé... Pour le moment elle est sous mes yeux, vivante, et le lendemain soir...

Le lendemain soir, je croiserai pour la dernière fois le regard de Nadia. Je me souviens de l'endroit comme si j'y étais, nous y sommes, ses vêtements je ne m'en souviens pas, mais de son regard oui, il se moque de moi. Si la balle est partie c'est pour éteindre ce regard, je suppose, il s'est éteint dans mon souvenir après l'avoir croisé.

Alors elle me dit... Elle me blesse à mort... Des paroles qu'un homme voudrait ne jamais recevoir de la bouche d'une femme. Elle laissait entendre qu'elle avait quelqu'un, ce qui aurait suffi à toute ma douleur. Pour Nadia ce n'était pas suffisant. Il fallait qu'elle me dise les yeux dans les yeux que je n'étais pas aussi homme que l'autre, le nouveau, il était vraiment homme, lui, tu comprends, elle disait, elle se mordait les lèvres et mine de rien, toujours en me regardant, me jetait quelques détails en pâture, ces détails qu'un homme voudrait ne jamais avoir présents à l'esprit quand il est trompé par une femme qui est la femme de sa vie.
Elle me disait : lui c'est un homme, un vrai mâle... Cette voix lente qu'elle avait pour me répéter ça, me

regardant, manifestant bien qu'elle aurait pu m'en déballer bien d'avantage, se mordant les lèvres pour suspendre à temps les confidences par trop...
Tu vois ce que je veux dire, elle me disait.

« C'est Thibault ? »
Elle s'est illuminée d'un beau sourire.

« Mais est-ce que tu es fou ? ! Thibault est pédé comme un phoque ! »

Et sur ce, elle vient s'enlacer en déclarant que c'est trop facile avec moi, je crois absolument tout, n'importe quoi, naïf comme Baptiste et même pas beau comme Crésus, mais comment pourrait-elle souffrir une seconde la main d'un autre homme sur sa peau qui m'appartient, est-ce que je ne sais pas depuis la première seconde que je suis l'homme de sa vie ? Mon adorable chérie. Et preuve en est alors qu'elle couche avec moi, me faisant largesse de ses plus intimes tremblements.

15.

Quinzième jour.

Vous connaissez les hommes avec leurs épouses, Madame... Ils se vident les poings dans la violence d'une bagarre, ils la couvrent d'injures et l'instant d'après ils rampent à ses pieds, titillent les orteils, ils ne sont plus que vagissements, passion.

J'ai rouvert les yeux dans un lit désert. D'ailleurs non, j'étais couché sur le sol, mon portable vibrait au loin.

Un message de Nadia, du baume au cœur, une renaissance à la vie que j'avais crue foutue. DÉLICATES PENSÉES, TENDRESSE ÉPERDUE, APPELONS-NOUS VITE ET SERRONS-NOUS L'UN CONTRE L'AUTRE, CAR JE SOUHAITE EN CE JOUR DE PRINTEMPS, PREMIER ANNIVERSAIRE D'EVA. NOUS SOMMES INVITÉS PAR MES PARENTS.

J'ai fermé les yeux, bouleversé d'amour. J'ai refait

de moi l'homme qu'une femme pouvait désirer. *Tendresse éperdue*, vous imaginez... Elle avait retrouvé ses esprits, moi les miens, le corps de Nadia, l'anniversaire d'Eva, l'amour à tous les niveaux...

Nerveusement ça n'allait pas fort, ça allait trop fort. Est-ce que je devais répondre à Nadia, m'habiller en premier ? Je cherchais mon portable. Comment peut-on égarer un objet qu'on a dans les mains. J'ai relu le texto miraculeux. Attendez, non, je ne l'ai pas relu, pas le temps. J'ai vu qu'un autre message était arrivé dans l'intervalle et, tout en éprouvant la sensation d'être deux fois chanceux, c'est par lui que j'ai commencé.

Un texto sosie du premier, pas tout à fait, comme si l'autre n'avait été qu'un brouillon : DÉLICATE PENSÉE, TENDRESSE ÉPERDUE, N'OUBLIE PAS CE SOIR DÎNER AVEC MES PARENTS, APPELONS-NOUS VITE ET SERRONS-NOUS L'UN CONTRE L'AUTRE, MON BEAU CHÉRI PUISSANT, CAR JE SOUHAITE EN CE JOUR DE PRINTEMPS, PREMIER ANNIVERSAIRE D'EVA. TU M'AS MANQUÉ CETTE NUIT, CORPS AVIDE, PENSÉES FOLLES... EST-CE QUE JE PEUX VENIR ? EST-CE QUE C'EST TOI QUI M'AMÈNE LA PETITE ? SI ELLE DORT ENCORE DÉPÊCHE TOI, J'AI TROP ENVIE...

J'ai levé les yeux, vu quelqu'un dans la glace murale, un homme aux yeux secs, pas si gros que ça, les dents saines, habillé d'une chemise beige que sa femme avait choisie dans la boutique et d'ailleurs payée, comme elle avait payé le pantalon noir en fibres d'élastine. Le maître à boire Thibault faisait bien minus en comparaison. Le maître à boire, à gruger, à baiser la femme d'autrui. Le corbaque aux yeux de cyclope, un œil gauche, un œil droit, tour à tour chavirés, un regard pour emballer, l'autre pour épier, dérober.

J'ai relu les textos un certain nombre de fois. Tout à l'heure j'étais heureux, à présent j'étais presque soulagé. La peur est entrée dans ma peau. La peur s'est insinuée sous ma peau. Qu'est-ce que je fichais là devant une glace murale, à regarder cet homme comme si je détaillais une réplique du musée Grévin ? Des gestes automatiques m'ont emmené dans la salle de bains. Mon cœur tempêtait ? Nous avons gobé des cachets à la régalade. Ma cervelle éclatait ? Nous avons saisi des textos par dizaines, souhaité bon anniversaire à cet amour d'Eva, la drôlesse de mon cœur, la fille à sa maman. DÉLICATES PENSÉES, TENDRESSE ÉPERDUE. Je restais lucide. Un homme fou, drogué, qui reste lucide et parle seul, rit seul, avec le tonnerre des poids-lourds sur l'avenue d'Auteuil, il était bien midi.

Je suis parti chez Nadia. Volatilisée.

J'ai fait irruption dans la Billie Jean King – vide, excepté le berceau vert tilleul, excepté le sac noir en nylon, baise-en-ville de Thibault. Excepté l'odeur de ma femme et l'odeur aigrelette d'Eva.

Ensuite, je perds la mémoire assez longtemps pour n'être plus qu'une loque à la nuit tombée. Je vis toujours, malgré les cachets. Je tiens debout comme un homme ivre. L'anniversaire d'Eva, la bougie rose plantée dans la génoise à la confiture, je ne veux pas rater ça. Une bougie, deux quenottes baveuses, c'est toute ma fortune aujourd'hui. J'ai plein d'histoires drôles à raconter. D'ailleurs, sans invité surprise, une fête ennuie la compagnie mortellement, et les von Ziegler sont des boute-en-train, je vais te leur dilater la sous-ventrière ! Où ça, le dîner ? Secret jalousement gardé par Nadia. L'accueil me dit que tout se passe au musée Carnavalet, chez mes beaux-parents. J'y vais. Rue de Sevigné, je tombe sur un loufiat indigné de trouver le nom des von Ziegler dans ma bouche, trop heureux de pouvoir m'annoncer qu'ils sont sortis en famille, un anniversaire d'enfant en bas âge, leur petite-fille, bonsoir Monsieur !

Je rentre au Kobold pour apprendre qu'on dîne en groupe au boudoir du premier étage. Votre épouse, Monsieur. Vos beaux-parents, Monsieur. Votre fille, Monsieur. Quelques amis triés sur le volet... Une improvisation de dernière seconde, suite à un dégât des eaux, rue de Sévigné... Notre « menu Prestige », Monsieur, le vôtre, pour douze couverts, avec en supplément les filets de sole vrillés à la vapeur et la sauce Champagne aux truffes noires.

Fermée à clé, la porte du boudoir. J'entends des rires, des bravos, je reconnais la voix du von Ziegler qui fait un discours en allemand. A travers la porte, Nadia me prie d'être raisonnable et de respecter leur famille, ils n'en ont plus pour longtemps.

Le texto qu'elle me balance alors me gêle les sangs : OHÉ, CHAT, ÇA VA TES SOURIS ?...

Machine arrière, je descends quatre à quatre au puits, et le colimaçon du dernier escalier tourne encore que l'odeur me chope aux sinus, l'odeur de brûlé – dans la lumière jaune, les vestiges carbonisés de mes douze petites chéries flambées au pétrole encerclent une lampe-tempête renversée, le verre brisé, aussi noirâtre qu'elles...

Me voilà dehors, face à ma belle hostellerie pour tennismen riches à milliards et musclés par la rage de vaincre. C'est éclairé au premier, grandes fenêtres au milieu des lierres, épais rideaux à demi tirés. L'envie me prend d'escalader la façade à la manière de Judex.

N'attendez pas de moi que je vous dise comment je parviens là-haut, gouttières, moulures, chance de fakir ou tresse de paratonnerre... Je suis accroupi sur le balcon, je songe au Père Noël en ce jour de printemps, à mon guignol de Lacanau. Je découvre la famille von Ziegler au grand complet, dînant aux flambeaux. La petite Eva passe de mains en mains, et finalement c'est dans les bras du cyclope qu'elle finit son voyage, il est en smoking noir. Elle a les yeux fermés, un ange tombé du ciel. Je vois bouger les lèvres de Nadia. Je la vois sourire, sa main blanche sur le bras du cyclope, elle regarde vers moi, je m'en fous qu'elle me voie, ne me voie pas. Je doute qu'il y en ait un seul qui puisse m'impressionner dans la circonstance présente. Ah oui, j'ai un colt à la main, je l'ai récupéré dans la cave Prestige où cet imbécile d'Andrew, ce passionné d'armes à feu, n'hésitait pas à mettre à mort mes volnay, pernand-vergeles, grand-echezeaux – d'après lui trop vieux pour survivre à sa fougue du moment.

Un homme tel que moi n'a plus besoin d'un déclic quelconque pour enchaîner, donner à l'instant suivant les moyens des grands maux qui me retournent l'âme et tous les nerfs avec. Telle est ma trouille, de m'endormir avant d'avoir agi, je tire une première balle dans la vitre, rien que pour me réveiller, aiguillonner mon bon sens de militaire obéissant, prêt à sauter dans le feu pour sauver les couleurs. Je fais voler en mille éclats étincelants cet aquarium dont les poissons ont encore la force de béer et d'écarquiller les yeux.

C'est Thibault qui me repère en premier. Ne sachant laquelle de ses verdâtres prunelles choisir, où loger ma bastos, je passe au regard de Nadia, cet océan brumeux, tout l'océan pour une humble bastos qu'elle a bien méritée en gage ultime d'amour, prends-ça de la part du Bordelais !

Tout s'éteint... Il faut bien que j'aie pressé la détente car tout s'éteint. C'est une pluie torrentielle dans ma nuit. Je peux enfin bâiller et m'endormir profondément... Moi, mais qu'est-ce que ça veut dire MOI ? Est-ce que MOI je suis un tueur ? Est-ce que je tue les hommes, les oiseaux ? Même le temps je n'y arrive pas. Je le passe à lire, c'est grâce à ma femme. Tiens, j'ai presque envie de relire *Le Château*.

Histoire 3

Accident

Marie-Thérèse est une jeune femme imposante aux lèvres charnues, coiffée à la garçonne. Elle déchausse fréquemment ses lunettes pour se frotter les yeux. On voit alors qu'ils sont d'un beau vert sombre, étrange, et qu'une seule de ses larges mains suffit à lui couvrir le visage. Elle parle d'une voix régulière, agréable ; un défaut de prononciation lui met parfois un cheveu sur la langue lorsqu'elle est trop émue.

1.

Premier jour.

Je suis entrée ici pour soixante mois. Avec les remises j'en aurai fait trente-cinq en fin de semaine... Je sors lundi qui vient. Regardez mon calendrier sur la porte : on est lundi... Encore sept jours à tirer.

Ah !... Faits de violence ayant entraîné la... C'était une dispute, un accident.

J'ai vingt-neuf ans. Mon amie en avait vingt-trois le jour de ... Enfin ... de l'accident.

Elle s'appelait ... Je suis professeur de collège, appelons-la Do... Do ré mi fa sol. Do comme Dorine. Ou comme Dolores. Elle aurait aimé s'appeler Gill. Appelons-la Gill. Comme ... Gît-le-cœur.

Ça fait trop mal de dire son vrai nom.

Quelquefois c'est un bon souvenir, oui mais Gill n'est pas un souvenir. J'en parle et j'ai des cris dans la tête... tant qu'on a des cris dans la tête on ne se souvient pas, c'est vivant. C'est vivant, Gill pour moi.

Mon enfance est un bon souvenir, jusqu'à six ans. Après c'est un mauvais souvenir, le pire de tous, à l'école paroissiale de Mantes-la-Jolie. Je suis en dixième. Il faut dire CE1, je sais, mais j'ai une mère de la vieille école. Chez moi c'est douzième, onzième, dixième, comme c'était pour elle à son époque.

Ce jour-là j'avais attendu toute la matinée dans la classe. Ma copine Zoé me regardait comme un monstre et chuchotait dans mon dos, j'avais peur. Il se passait un truc grave, visiblement. Je pleurais, n'écoutais rien, la maîtresse me rouspétait. Mademoiselle Sifflet. L'horrible mademoiselle Sifflet. Toujours à se moquer.

Ç'a été la récréation, loin, très loin.

J'entendais les bruits, les chansons, j'avais peur, c'est passé.

J'attendais, je ne savais quoi.

Ç'a été le réfectoire, épinards et friands à la saucisse, j'ai tout rendu... J'entendais le bruit des assiettes, les voix.

J'ai eu peur deux fois comme ça dans ma vie... un oiseau à la place du cœur. Ça fait comme un oiseau dans la poitrine.

C'est arrivé l'après-midi.

On dessinait un arbre sous la neige, sur du carton noir. Je n'ai jamais eu froid comme j'ai eu froid sous cet arbre, à six ans. Il faisait nuit dehors, le temps n'en finissait pas.

Ma copine Zoé s'est approchée sur la pointe des pieds.

« C'est pour qui ton dessin ? Pour moi ?
- Pour maman.
- Donne-le-moi.
- Non, c'est pour maman.
- Pour TA MAMAN ?
- Oui.
- Ma pauvre Tété... Tu n'es donc pas au courant pour TA MAMAN ? Mademoiselle Sifflet ne t'a pas dit qu'elle était morte ? »

2.

Deuxième jour.

Il n'y a pas longtemps que j'arrive à en parler, que cette histoire est un souvenir. Avant ma rencontre avec Gill, j'avais des cris dans la tête en y pensant. Gill est la première personne à qui j'aie pu la raconter.

Elle voulait retrouver Zoé, lui faire avaler son extrait de naissance.

C'était mon amie... Mon amour... On peut être d'allure masculine et très féminine en même temps... Non je ne dominais pas. Chacune à son tour... Tellement naturel, merveilleux... Qui domine, en amour, qui fait l'amour à l'autre ? On s'aimait à égalité.

Au restaurant, j'avoue, c'est toujours à moi qu'on faisait goûter le vin. Je disais au serveur : mon amie s'y connaît aussi bien que moi...

Beaucoup mieux, disait Gill, tu ne vois pas la différence avec la piquette.

J'aime bien la piquette, c'est vrai, je m'y connais. On en buvait à la maison. On avait des pommiers.

Un soir on s'est disputées chez Maître Corbeau, une auberge normande. Gill m'a vexée. J'ai l'air solide comme ça, mais c'est comme les ananas. Des piquants à l'extérieur, et dedans c'est tout tendre, ça fond...

Elle m'a dit que je tenais mon verre comme un paysan du Danube. Un verre à pied se prenait par le pied, pour éviter que le vin se réchauffe. J'ai continué à tenir le verre comme je voulais. Elle m'a dit que des mains pareilles on ferait mieux de les cacher... Cache tes mains, elle m'a dit, je ne veux plus les voir...

Ça s'est terminé qu'elle m'a jeté son verre à la figure et qu'on nous a priées de sortir, même sans payer.

J'étais malheureuse... depuis notre première rencontre au Pouliguen sur la plage, j'entendais parler de mes mains douces, mes mains magiques. Il n'y avait pas sur terre une paire de mains qui puissent rivaliser avec la mienne.

Au moins je n'aurai plus à te caresser, je lui ai dit, les larmes aux yeux.

Elle a béni le ciel, enfin je commençais à comprendre. Gill était surdouée pour la cruauté. Ça la prenait d'une seconde à l'autre.

Moi ?... Thérèse... je pensais que vous le sachiez... on m'appelle Tété ou Monty. Avec l'i grec. Je tiens à l'i grec. Je n'aime ni Thérèse ni Monty. Sur le livret de famille on m'a déclarée sous le nom de Marie-Thérèse Rabier.

Qui m'a déclarée ? Mon père non.

Comme je vous l'ai dit ma prime enfance est un bon souvenir. Un arbre blanc sur fond noir. Je m'intéresse à l'arbre uniquement.

Maman est veuve de guerre. Elle roule en Ami 6, et quand elle grille un feu je l'entends répondre à l'agent : « veuve de guerre », d'une façon telle qu'il se met au garde à vous. Maman n'est pas féminine ou masculine, elle n'est rien, c'est ma mère. Elle me dit que je suis ce qu'elle a de plus précieux, que je ressemble à papa physiquement et moralement, et elle me montre l'album de photos. Je suis née pour consoler cet inconsolable veuvage de maman. Veuves, on l'est toutes les deux. J'ai six ans. Les mots ont presque toujours six ans dans l'histoire de la vie.

On se promène en Ami 6, on visite la région. Je pose la main sur sa main, nous parlons à travers le bruit du moteur. Nous formons une chaine inséparable derrière le pare-brise. Nous rentrons chez nous par les petites routes à travers la campagne, elle venait ici prendre l'air avec « mon papa » quand ils étaient fiancés. Il n'y avait pas ce revêtement goudronné rougeâtre, moins beau que les pavés du temps des rois.

« Qu'ont-ils fait des pavés, Monty ? »

Nous habitons entre Mantes et Montfort, vers Saint-Léger, en haut d'une grande montée d'un kilomètre et demi sous les platanes, les mêmes que du temps des rois. De ma fenêtre, j'aperçois la gare blanche en contrebas, on dirait un sucre. J'entends gronder les trains, je les vois. A six ans je vais à la gare à bicyclette, et dans le train pour Mantes j'ai une carte de pupille de la Nation. C'est pire qu'un gros mot. Marie-Thérèse Rabier : pupille de la Nation. Une carte plastifiée, barrée comme celle des anciens combattants. J'aimerais avoir un billet comme tous les voyageurs. A Saint-Léger, je fais la queue pour composter les tickets périmés. J'en ai plein les poches, plein mon cartable. Maman n'y comprend rien.

Pupille de la Nation.

L'album est dans l'armoire à linge de maman. Quand on ouvre un album de photos, tous les visages sont heureux. On a l'impression que les gens passaient leur temps à rire, s'embrasser, se déguiser, manger et souffler sur des bougies. Il ne vient à l'idée de personne de photographier la souffrance ou même l'ennui.

Je feuillette l'album comme si mon père était vivant, comme s'il avait tous les âges de la vie. C'est un poupon réjoui dans son youpala. Un galopin en culotte courte, les mains sur les hanches. Un jeune officier qui vient d'obtenir son galon d'aspirant. Je m'assieds avec lui sur le sable à Berck-sur-mer et je contemple l'étendue. J'oublie qu'il est tombé en Indochine j'ignore l'année. C'est un enfant, un mari, un soldat, un marin, il reviendra. A tout le monde je dis qu'il reviendra ou bien qu'il est là. Sa mort est un secret. C'est quoi la mort ? Un secret.

Je lis en cachette les lettres qu'il envoyait à maman. Je les connais par cœur.

Ma petite femme,
Ma petite femme,
Ma petite femme...

Ma toute petite femme... Tu n'as pas eu de nouvelles depuis trois semaines. Je sais, tu t'inquiètes. Il ne faut pas. Rappelle-toi quand nous dansions au bal de Saint-Cyr le soir de ma promo. Il fait beau, les oiseaux chantent. Quand on ne passe pas, on y va au napalm, on déblaie. Un petit coup de napalm et on progresse. C'est du gâteau, j'te dis. Je serai là pour Noël.

Le napalm, un gâteau.

3.

Troisième jour.

A cinq ans, je lis couramment sans avoir besoin de suivre les mots avec l'index. Monty est la meilleure en classe. Chaque semaine elle a la croix épinglée sur sa blouse et les félicitations de mademoiselle Julien, la directrice. Mademoiselle Sifflet ne l'aime pas, mademoiselle Julien oui. Si tu continues, dit maman, tu vas être aussi décorée que ton papa.

A cinq ans, je lis couramment : à six ans, j'apprends la nouvelle, non pas que ma mère est morte, mais que je suis une enfant adoptée qui mérite la pitié des autres enfants et pourquoi pas leur pardon. Zoé change de meilleure copine.

Ma première maîtresse s'appelait Carmen. Quand elle est tombée malade, mademoiselle Sifflet l'a remplacée.

Cet après-midi-là, elle me convoque au tableau. Elle me demande, à moi la bonne élève, pourquoi on la surnomme mademoiselle Sifflet. Je réponds : parce que vous sifflez pour vous faire obéir. Elle a un long sifflet à cordon rouge sur le poitrail. Le regard qu'elle me jette alors est si terrible que j'inonde ma culotte... Il y a une mare à mes pieds, tout le monde rit. Elle m'ordonne d'enlever ma culotte et d'éponger. Elle ramasse ma culotte au bout de sa gaule et la promène au-dessus de la classe qui rit déjà moins. J'attends la récréation pour aller emprunter une culotte à l'infirmerie.

Après la récréation, mademoiselle Sifflet me rappelle au tableau, moi la crack des cracks.

« 70 moins 54 égale ?

– Egale 16. »

Mademoiselle Sifflet me dit qu'il faut être naïf pour s'imaginer un père mort en Indochine en 54, quand on a six ans et qu'on vient au monde dans les années 70.

Je rentre à la maison. Il pleut, c'est l'automne. Je roule à bicyclette le plus vite possible. Le monde vient de s'écrouler. Il fait froid sous les platanes et les pommiers des rois, froid et noir.

La première parole de ma mère quand elle me voit : tu saignes, montre-moi ça... Mon pied a glissé sur la pédale de fer, écorchure au tibia. Je réponds du tac au tac : Menteuse ! Menteuse ! Menteuse !

Je cours aux waters. Je pousse la targette, je m'appuie contre la porte en donnant des coups de pieds. Menteuse ! Menteuse ! Menteuse ! Chaque fois qu'elle veut en placer une, elle y a droit : Menteuse... A la fin c'est moi qui l'appelle : tu es là ? Je sors. Quand on sort des waters à la maison on est directement dans la cuisine. Maman est à genoux sur le carrelage, elle a préparé une bassine d'eau chaude, elle verse du Dakin, goutte à goutte, une solution rose. Elle me dit qu'on va d'abord désinfecter. Je vois sur sa main la trace pâle de la verrue brûlée à l'azote. J'espère que ça lui fait mal, cette brûlure, je veux qu'elle souffre comme elle n'a jamais souffert. Elle m'applique un linge mouillé sur le tibia, je regarde sa main, ses cheveux blancs en fouillis, je l'entends respirer. Et toi, maman, tu savais que tu n'étais pas ma maman ?

Un monde écroulé... Une caboche de fillette où 70 moins 54 égale 16, aussi sûr que 2 et 2, qu'un-deux-trois-cauchemar...

On ne pourra jamais désinfecter ça.

Mon père s'appelait Vincent... Ses parents voulaient l'appeler Pierre en souvenir de leur premier fils, parti quelques heures après sa naissance. C'est lui qu'on voit d'abord en ouvrant l'album. Il est tout fripé, les yeux clos. Il dort dans son petit monde à lui. Il a l'air heureux cet ami Pierrot disparu.

C'est pourquoi mon père s'appelle Vincent.

Ma mère ? Jacqueline. Jacqueline Veuve-de-guerre. Elle recevait une pension du gouvernement. Elle travaillait bénévolement pour les familles en difficulté, et il y avait toujours plein de gosses chez nous qui venaient goûter, faire leurs devoirs ou récupérer du linge. Elle avait une machine à tricoter, elle me confectionnait des pulls torsadés bien chauds, le col en V. A l'école on se moquait de moi. Les autres enfants, on leur achetait leurs affaires neuves dans les magasins. Tout ce que je portais, moi, c'était du tricoté maman, du cousu maman.

Le couturier Jacques Fath en personne l'avait suppliée de rester à son service quand elle s'était mariée. Couture anglaise, couture sellier, bord à bord, couture plate ou rabattue, elle était la reine des petites mains, dans sa jeunesse.

On passait nos dimanches à faufiler, défaufiler, rattraper des pulls avec la laine des vieux chandails fournis par la paroisse. Je lui prêtais mes avant-bras pour bobiner les écheveaux. Elle disait que j'avais hérité d'elle un talent : le bonheur de rendre service avec le sourire. En échange, elle m'a donné la machine à écrire de papa. Elle pensait qu'avec ça je saurais toujours me dépatouiller dans la vie. A dix ans je tapais à dix doigts.

Je voulais une télévision, j'ai eu le piano à queue, le piano de papa recouvert d'un drapeau US où c'était brodé : J'AI SERVI. Il arrivait des Liberty ships, cadeau des trouffions américains qui jouaient *Grand'pa, Grand'ma*, du jazz.

On trouvait sur le piano tous les bidules militaires que mon père avait eus chez les fusiliers marins, insignes, rubans noirs à lettres d'or, fanions mangés aux mites, calots, et même une bouteille de rhum, du *Lunar Spirit,* avec un bateau à l'intérieur.

Mon père connaissait les silhouettes de tous les bateaux de la flotte française entre les deux guerres. Il s'amusait à les fabriquer en modèles si réduits qu'ils tenaient dans la main. Ces bateaux étaient au mouillage sur le piano à queue, rangés comme à Toulon la nuit du sabordage.

C'est grâce à papa, dans un sens, que je suis devenue professeur de solfège au conservatoire de Montfort. Maman aurait préféré dactylo, bonne sœur, dame de compagnie...

Le piano, maman l'aurait bien enterré sous des fleurs et des gravillons. Déjà qu'il avait l'air d'un cadavre, avec ses dents jaunies. Ça devait lui rappeler son mari tombé chez les Viets.

On ne s'ennuyait pas, non... L'été, on allait chez les cousins à la mer. J'ai oublié... l'herbe, la dune, la lumière, l'océan, oublié tout ce vent dans la figure, le froid du vent marin.

Gill, non... Ça revient, ça tourne... Un accident pareil, une dispute à la con à cause d'un connard.

C'était la première fois, oui. On aime quelqu'un, on ne se pose aucune question. On l'aime. On portait des alliances d'or comme les couples mariés. Si je ne la porte plus c'est que je ne l'ai plus. Gill a eu besoin d'argent. C'est ce qu'elle a dit.

Des photos, j'en ai, bien sûr... Je préfère les garder pour moi.

... Do, pardon : Gill... je l'appelais Do, c'est vrai, c'est fini. N'oubliez pas que je suis musicienne. J'aurais pu l'appeler La. Commencement, harmonie. La, Do. A vingt ans, à vingt-cinq... Do majeur.

Elle perdait souvent l'équilibre, elle tombait à pic dans un silence de mort... ses parents n'y voyaient qu'une crise passagère, l'adolescence, la nostalgie... Ses parents l'aimaient, tout le monde l'aimait, d'ailleurs un peu trop... Moi aussi, bien sûr, cet amour ne formait qu'une goutte d'eau fragile au milieu d'une solitude qu'elle protégeait comme une maladie. Quelqu'un souffre, il est seul, il ne joue pas la comédie. Prends sur toi, tu parles ! Gill prenait tout l'amour qu'on lui donnait, à tort et à travers, elle tombait sur de vieux salopards ou des connasses qui ne pensaient qu'à l'enfiler ou s'entendre dire qu'ils lui sauvaient la vie. Chaque fois elle se retrouvait sur le carreau, sous la goutte d'eau qui la frappait à mort entre les deux yeux. Une goutte d'eau, il n'y a pas de quoi nager. Ni même se noyer.

Parfois Gill vous posait la main sur l'avant-bras et vous compreniez qu'elle était perdue, qu'elle n'aurait jamais le courage d'attendre la suite, trop long, beaucoup trop long, les illusions, les horoscopes, la comédie.

Un soir un homme est venu la chercher à l'école de musique, une simple chapelle de campagne. Il lui a dit *qu'on l'attendait*. Un homme dans la cinquantaine, lunettes ovales, manteau foncé, cravate, un directeur de quelque chose ou voulant passer pour tel. Elle ne voulait pas le suivre, il insistait. Je les ai priés d'aller s'expliquer dehors car ils dérangeaient mon cours. Ils ont fini par sortir et je me rappelle qu'il a essayé de voir de loin à quoi je ressemblais.

Souvent Gill parlait dans la lune, on avait du mal à suivre, et ce qu'elle disait, elle disait... Aujourd'hui ma conscience a dévoré ma mémoire, elles ne font plus qu'une.

Vous pensez qu'on peut en tirer quoi, vous, d'un plus vieux souvenir ? Ah oui, c'est moi qui vous ai dit ça hier : *avec le souvenir on chasse l'actuel.* C'est comme un film. Enfermé, pas enfermé, il faut s'évader, se faire un film, une histoire... C'est ça la réalité, du cinéma qu'on arrange à sa propre sauce...

Où que j'aille un peu loin dans ma tête, une gamine sourit aux anges, le nez au vent, elle est sur sa bicyclette, sa balançoire, dans le jardin, jouant aux boules avec sa mère, déguisée en sorcière, elle va chez sa copine Amatha manger des gâteaux de bonbons... Elle court sur la plage à bras ouverts pour attraper l'océan, qu'il n'en reste pas une miette pour les autres, pinçant les puces de mer, ces haricots vivants, soulevant d'énormes galets, confectionnant des barrages à marée montante, croquant les carreaux ébréchés d'un chocolat tout noir, se dessalant transie à la fontaine miraculeuse, lisant *Les Pieds Nickelés*, dormant profondément – dormant comme je n'ai jamais redormi depuis... Tomber de sommeil... Mourir de sommeil... Cette belle mort de l'enfant bouche bée... Toutes ces belles morts, tous ces grands sommeils de là-bas quand j'étais petite, à la mer, et que les bouées sifflaient...

Mes cousins ont vendu la maison, l'océan, les miettes, les haricots vivants, le chocolat, tout, vendu, dispersé. Quelle bande de salauds !

3.

Troisième jour.

J'ai un mari, oui. J'ai un mari, un copain, pas vraiment divorcé, mais toujours copain.

Damien. Je n'ai jamais aimé son prénom.

La famille j'en ai aussi. On ne se voit guère, à part ma fille, Lisa. Pour l'instant. Elle est folle de moi, mon rôle de maman martyre, victime de la société. Elle m'oubliera, elle conservera des sous-verres jaunis – maman quand elle était petite, maman adolescente, maman quand elle s'est photographiée elle-même au Photomaton après sa coupe à la garçonne, maman, maman, maman, maman au tribunal, les bracelets aux poignets. Maman quand elle était vieille, bonne à jeter, maman avec sa belle bouche qui se mettait en travers dès qu'elle disait *singe* ou *vache.*

Mon mari pense qu'on peut rafistoler un mariage, une vie à deux. Les souvenirs de Gill, quelque bonne volonté qu'il y mette, il peut toujours se brosser... Ce sont eux qui ne l'aiment pas.

Mieux vaudrait pour lui qu'il m'ait inspiré des sentiments neutres, à l'origine, il me ferait moins pitié.

Pourquoi méprisant ? J'ai pitié d'un homme qui attend de moi ce que je suis impuissante à donner. J'en ai assez souffert quand j'ai connu Gill.

Un jour, il m'a écrit une lettre à la maison, chez nous. C'était bien avant que je revoie Gill au cours de musique. Il voulait savoir si je me sentais exclue de la *cellule familiale*, et s'il était vrai que j'étais *coureuse*. Il était typographe, il avait soigné la présentation, il cherchait visiblement à m'épater, me charmer. Il souhaitait une réponse par voie postale. J'ai confié Lisa à maman et je suis allée à Paris le surprendre à son bureau. Nous avons dîné chez un Italien, vers Mabillon. Je lui ai dit que j'étais la plus heureuse des femmes et que jamais je ne l'avais trompé, ni n'avais voulu le tromper avec quiconque. Jamais je ne le tromperais. On nous a offert deux coupes de champagne et nous avons bu à notre amour. Et nous n'avons pas couché ensemble. Et il en a pleuré.

J'ai eu de la tendresse pour lui... j'en ai encore. La tendresse est une forme d'amour... Aimer, après tout, qu'est-ce que ça veut dire ? ... Je ne lui en veux pas d'être un homme : l'homme est absent, dans mon enfance, c'est un fantôme à part, isolé, dans un univers où l'on s'entretue, l'Indochine, la guerre, les pieux *punji*.

Un jour, j'ai demandé à maman de n'avoir aucun jouet pour Noël. C'est un papa que je voulais trouver dans la cheminée, petit papa napalm, quand tu descendras du ciel, n'oublie pas mes petits souliers... Elle n'a pas daigné répondre...

La volupté, c'est comme la douleur. La peau s'en souvient. Elle devient méfiante. Ici, dans ma situation, la première chose qu'on humilie c'est la peau. On commence par effacer les caresses que vous avez sur le corps. Devant son amour on est dénudée. C'est peut-être un supplice, mais c'est aussi le plus beau des cadeaux. Ici, dans ma situation, on est à poil. Ce n'est qu'un supplice, une honte.

Mon mari voudrait qu'on se remette ensemble, et je peux compter sur lui pour la plus grande discrétion, total respect. Et sur ses mains ? ... on peut compter sur les mains d'un homme ? Qu'il me pose la main dessus, qu'il essaye, et... Pauvre homme, si viril, une telle foi... sa virilité.

Maman disait : tu n'as qu'à te forcer... Sous-entendu : on ne t'a pas trouvée dans un chou, tu sais... Me forcer après avoir connu Gill... Retourner dans ce lit conjugal... Ne plus battre des paupières sans redouter qu'il interprète ça comme une invite... S'endormir avant qu'il se mette à soupirer, demander si tout va bien, s'il peut juste venir *dans les bras*, et rien qu'*une seconde*, rien que *les bras*, ou qu'il commence à faire le mort, un mort qui respire, un mort qui sait que vous pensez à lui aussi fort qu'il pense à vous, pour des raisons ennemies, un mort pensif dans l'obscurité, un salaud de mort obnubilé par vous, votre corps... C'est horrible, cette connaissance entre deux conjoints dont l'un fait horreur à l'autre et n'a pas intérêt à chercher le moindre contact. Il se venge en occupant votre esprit. Il vous défonce l'âme, il pénètre vos rêveries intimes : Tu penses à Gill, tu la désires, tu n'as que mépris pour moi... Tu refuses d'admettre que je suis ton mari, ce que tu as de plus cher au monde. Et cette haine, ce mépris, ce dégoût, tu y tiens comme à la prunelle de tes yeux, ma vieille, ma chérie. C'est ta vie, ton histoire. Tôt ou tard c'est toi qui voudras *les bras*, et pas qu'*une seconde*, et pas que *les bras*.

Vous voyez ce tableau, là, au-dessus du lit ? Ce sont des mains dessinées par Dürer, en 1503. Un cadeau de mon mari. La nuit, en rêve, je prends ces mains dans les miennes, je les ouvre et je pose un baiser à l'intérieur, je les imagine au piano, elles jouent *Grand'pa grand'ma*, que moi aussi je savais jouer, que mon père savait jouer, toujours la partition du trouffion né dans l'Illinois.

Je suis sûre que mon père avait deux longues et belles mains...

Quand je sortirai d'ici, j'irai voir les œuvres de Dürer, aux Pays-Bas.

Je compte reprendre mon métier, oui, pas forcément dans les Yvelines. J'ai des pistes ailleurs. Je crains le regard des gens, bien sûr, ils finiront par savoir... J'ai quand même eu les honneurs du journal télévisé, ma photo a beaucoup circulé, on la trouve encore aujourd'hui sur Internet. J'ai beau avoir coupé mes cheveux, remplacé mes verres de contact par des lunettes, repris mon nom de jeune fille, on me reconnaîtra tôt ou tard. Il y aura des lettres anonymes, des pétitions, des menaces... Je tiendrai bon. La douleur que j'ai en moi me protège de tout, vous savez, c'est une carapace. Mon amour pour Gill, idem, une carapace... Ils peuvent toujours venir, je les connais. Je les ai vus brandir le poing, cracher derrière les barrières à l'entrée du tribunal de grande instance. A mort la salope, à mort la gouine, à mort la tueuse, à ...

4.

Quatrième jour.

... A mort ! A mort ! A mort ! Je les ai entendus toute la nuit. J'ai croisé toute la nuit le regard de cet homme qui hurlait : « lève la tête, salope », à l'entrée du tribunal de grande instance. Cet homme ... Le diable, il en aura toujours après moi, toute la vie.

Pas mon mari, non, ni le père ou les amis de Gill, le diable... un diable d'imbécile mais un diable quand même.

Est-ce qu'on pourrait parler d'autre chose ? J'ai tout dit sur cette histoire, et je pense honnêtement que j'aurais dû être acquittée. On m'a surtout condamnée pour l'exemple.

Coupable... Un mot terrifiant, j'en ai horreur. Coupable... je le suis, oui, dans la mesure où les jurés m'ont condamnée. Coupable, je l'étais bien avant de rencontrer Gill. Est-ce qu'on n'est pas coupable de rentrer chez soi et d'annoncer à sa mère : tu n'es pas ma mère ? A une femme qui vous a toujours donné l'amour qu'elle aurait donné à ses propres enfants. Faut-il pour autant l'appeler menteuse, la punir durant des mois ?

Envers Gill je ressens plus d'amour que de culpabilité. Les autres m'en veulent, ses parents, sa sœur, ses amis. Ils jugent. Ils pensent qu'elle était la proie d'un être maléfique. J'aurais détruit le jouet, arrêté le jeu quand Gill a voulu me sortir de sa vie. Je l'ai fait sortir de la mienne, à ma façon.

Est-ce que c'est vrai ?

Je n'en sais rien.

Au tribunal j'ai vu des gens brisés par le chagrin. Je leur ai dit mon chagrin, mon désespoir d'être la cause de leur deuil. Je n'avais pas droit à la même douleur qu'eux, la mienne était méprisable à leurs yeux. On ne mélange pas leur douleur et ma douleur.

Le plus démoralisant c'est qu'ils renoncent à vous haïr au fil des séances. Il n'y a de place en eux que pour la douleur. Ils haïssent ce qui est arrivé, comme vous. Ils en veulent à la terre entière, comme vous, et pour ce qui est de cristalliser cette haine sur votre personne, eh bien non... On repart tous les mains vides. A chacun son désespoir.

Mon avocat regardait ceux des jurés dont il croyait sentir qu'à ma place, eux aussi, débordés par l'émotion, ils auraient pu l'avoir, ce geste de trop.

De l'humain dans l'inhumain, c'était les mots qu'il

martelait en les regardant, comme si c'était eux qu'on jugeait, pas seulement moi, dans mon box, moi la tueuse, la salope, la gouine.

Le président m'a donné la parole : est-ce que vous avez quelque chose à dire à la famille R. ?

Là, c'est la chute, un silence noir, vous avez l'impression de couler à pic, vous suffoquez...

Je l'analyse en effet, je réfléchis à tout ça. Voici deux ans que repasse devant mes yeux le film des événements. Je scrute les détails. Chacun d'eux relance un nouveau film avec d'autres épisodes, d'autres détails. C'est comme la décomposition d'un atome, ou comme un palais de miroirs.

Cette nuit je repensais au silence autour de moi lorsque le juge a dit : « Parlez », ou quelque chose comme ça. J'ai continué de lire les mots sur ses lèvres alors que je n'entendais plus rien, je voyais bouger ses lèvres d'aquarium, je veux dire de poisson dans l'aquarium. Celui qui vous juge devient brusquement celle que vous avez... Vous vous dites : j'ai déjà vu frémir ces lèvres d'aquarium, je les ai vues s'ouvrir, happer sans émettre un son audible que ma cervelle ait enregistré. Peut-être y avait-il un cri sur ces lèvres, un aveu, un secret ?

... Une fraction de seconde s'est écoulée, et le temps vous passe indéfiniment par la tête avec des souvenirs assourdissants qui tourbillonnent autour d'un point mort, il manque un souvenir dans cette bulle d'amnésie que vous avez tant de fois cherché à crever, seule, avec l'aide des psys, des juges. C'est là ce qu'on vous reproche, au fond, votre plus grand crime : ignorer ce que votre mémoire ne saurait ignorer. Vous vous taisez ? Vous mentez.

Vous dites : je ne me rappelle pas. On vous tuerait pour ça.

Non, je ne me rappelle pas.

Si... je me rappelle jusqu'à un certain point. Le juge aussi voulait me ramener inlassablement à ce point critique. Il voulait m'aider. La manière dont il harcelait mon avocat c'était pour m'aider. Il croyait à la sincérité. Quand il a dit : le procès se termine, nous touchons à la fin des audiences criminelles... Vous avez la parole, Madame, il me donnait une dernière chance, à moi, à la famille R... Et moi je n'avais rien à donner en échange, pas un mot que je n'aie déjà dit. Je me suis répétée.

Tout le monde se tait, vous regarde. Un mur de regards, de curiosité. Qu'est-ce qu'elle va pouvoir déclarer ? Qu'est-ce qu'elle a dans le crâne ?

Je me suis levée. J'ai vu au fond de la salle ma mère qui n'était pas ma mère. Il y avait une chaise vide à coté d'elle, côté mur, sous une fenêtre aux rideaux tirés. J'ai pensé à mon père qui n'était pas mon père, à ce pied gauche stigmatisé par un pieu *punji*. On a dit que j'avais paru hautaine à ce moment-là, hautaine et *triomphante*. Que je manifestais une indifférence *glaciale* devant la détresse des parents, des amis qui cherchaient juste à comprendre *pourquoi j'avais fait ça*, et *comment j'avais pu faire ça*.

Elle nous doit bien ça. Le début d'une ombre d'explication.

On attendait de moi une parole *humaine*, au-delà des excuses, du pardon, une tentative honnête d'explication au-delà des formules de politesse, on les connaît ces filous d'accusés, bien conseillés, toujours en quête d'un verdict de clémence.

Une bonne grosse larme au bon moment, ça pèse lourd dans la balance.

A six ans j'ai pleuré tout ce que j'avais à pleurer en apprenant que ma mère n'était que ma mère adoptive, et mon père un inconnu, depuis j'ai l'œil sec.

C'était la fin du procès. Mes jambes se dérobaient sous moi. Je me suis tournée vers eux. Ils avaient la tête baissée. Le beau-frère, lui, soutenait mon regard. Il n'avait pas de regard, il n'en a jamais eu pour moi, juste des lunettes, comme deux objectifs d'appareil photo qu'il braquait dans ma direction.

J'ai demandé pardon.

Je me suis excusée.

Ma voix tremblait.

J'aggravais mon cas.

Je vous demande pardon pour le mal que je vous ai fait, pardon pour Gill, je m'excuse.

Je pensais à Gill, la toute première fois...

5.

Cinquième jour.

... qu'on s'est vues. Si vous connaissez les plages du Pouliguen, vous comprendrez mieux. On se croirait en Normandie les jours de brouillard, et du brouillard il y en avait à la pelle, cet après-midi-là.

Je me suis approchée de la mer et le silence s'est mis à bourdonner autour de moi. La vue se perdait à quelques pas, lorsqu'on se retournait on n'apercevait plus le contour des maisons sur le rivage. Il devait se promener ici et là des pêcheurs à la cuillère, je me rappelle des éclats de voix et des rires. Un brouillard aveugle, incroyablement glacial et lumineux vous frigorifiait jusqu'à la moelle des os. J'étais pieds nus. Pour moi, il est sacrilège de garder ses chaussures au bord de l'océan.

J'ai vu se profiler une ombre grise. J'ai éprouvé une violente émotion dont je n'ai pas saisi la nature, et puis cette fille entièrement nue, que la mer semblait apporter, est passée à me frôler en claquant des dents. Elle a disparu, un mirage. Le cœur me battait, comme il bat quand trop de signes s'accumulent autour de vous. Je n'irais pas jusqu'à jurer que j'avais rendez-vous avec ce brouillard, avec Gill surgissant nue du brouillard, mais, en attendant, c'était moi qu'elle avait croisée. J'étais malheureuse qu'elle fût partie, révoltée que le destin fût si nonchalant dans ses largesses. De quel droit être malheureuse ? On nous avait prêté un petit appartement au-dessus du casino. Mon mari et moi nous passions un week-end en amoureux, et c'était maman qui gardait notre fille, à Montfort. Un bien grand mot, Lisa avait neuf ans. Si j'y pensais alors ? Bien sûr que non. On aurait dit que j'étais coupée de toute liaison mentale avec ce que j'avais de plus cher au monde, avant cet instant-là. Je scrutais l'air vague, vacillant. Je voulais une suite à cet impondérable. Rien n'était plus dénué de sens et désespéré que cette fringale et cette intangibilité. Cette quête imprévue.

J'ai fait quelques pas dans la brume et j'ai entendu pleurer. En me voyant, Gill ne s'est pas enfuie. Je dirais qu'elle a paru soulagée. Elle pleurait comme un gosse empêtré dans son chagrin. J'étais partagée entre le désir de l'aider, lui demander *ce qui ne va pas*, et une certaine retenue causée par sa nudité.

Qu'est-ce que vous croyez, elle est venue se pelotonner contre moi comme si j'étais une envoyée du ciel. Elle pleurait, grelottait, se plaquait et me barbouillait de reniflements. Je crois même qu'elle m'embrassait. Elle me suppliait de la frictionner, plus haut, plus bas. Elle essayait de parler, mais d'une mâchoire de castagnette, ce qui la faisait rire et redoublait son chagrin. Je lui ai passé mon anorak, ou plutôt l'anorak de mon mari, un vêtement de ski, elle s'y est nichée avec l'aisance du naufragé professionnel, sans oublier la capuche zippée dans le col. Elle ne trouvait plus ses affaires, voilà le problème. Elle avait parié avec sa tante qu'elle se baignerait, elle s'était baignée, juste plongée, mais de là à remonter les voir à poil... on a cherché ses fringues. Elle me suppliait de rester dans la zone du brouillard parce que son beau-frère la surveillait aux jumelles de la terrasse de l'Ermitage. C'était la bonne idée, sortir du brouillard, car il avait bougé avec la marée, et, quittant Gill, je suis entrée dans une aire écrasée de soleil où j'ai tout de suite repéré des boules de vêtements à la queue leu leu, comme arrachés en courant, sans qu'on ait pris la peine de les mettre en tas.

J'ai retrouvé Gill, et nous nous sommes séparées entre lumière et brouillard, elle m'a tendu la main. Je suis sûre d'avoir entendu : au revoir Madame, même si par la suite elle a toujours dit que non, foutaise, c'était moi qui lui avais tendu la main, moi qui l'avais scandalisée en déclarant d'une voix pressée : eh bien, au revoir Mademoiselle... je ne connaissais pas son prénom. Qu'est-ce qu'une femme mariée, mère de famille, peut bien avoir à fiche du prénom d'une fofolle de vingt ans qui prend ses bains de minuit l'après-midi, dans les brouillards du Pouliguen ?

Tout le week-end je n'ai pensé qu'à elle. Une obsession qui n'avait rien d'ambigu, c'est la pure vérité. De l'ordre du plaisir d'avoir été le jouet d'un incident pittoresque, plaisant à raconter, j'y pensais, je riais. A aucun moment je ne suis retournée devant l'Ermitage avec l'espoir de la croiser. L'aurais-je reconnue, d'ailleurs ? Jamais mon mari, m'écoutant singer les sniffs de cette fée des grèves, n'aurait pu s'imaginer que j'allais tout quitter pour elle, un jour, et ne plus supporter le contact de ses doigts sur ma peau.

Mes mains sur sa peau à lui...

Mes mains étreignant la chair frissonnante de Gill à la seconde même où le destin nous rapprochait, dans une lumière aveugle.

On est rentrés à Montfort, c'était du passé...

6.

Sixième jour.

Dans la journée, j'enseignais le solfège au conservatoire, et, le soir, dans l'ancienne chapelle de Montfort. On ne peut pas dire que l'éclairage y soit très au point, de vieux luminaires accrochés au plafond. De toute manière je n'aurais pas reconnu Gill. Les autres élèves sortaient. J'ai vu s'avancer une fille mince, le visage jeune et frais, traits réguliers, cheveux noirs. Je suis sensible aux traits réguliers, chez les filles. Je regrette assez l'irrégularité des miens. Pour les hommes c'est différent. Ils bénéficient toujours d'un régime de faveur. Ils osent se plaindre de nous. Ils en ont après les femmes qui les trouvent beaux quand ils sont laids, parfois laids quand ils sont beaux. Ils veulent qu'on les aime, mais pas comme ils sont. Comme ils voudraient qu'on les voie. Surtout pas comme ils sont.

Elle a posé la main sur mes partitions posées sur le piano. Une main comme un gant oublié. Son visage n'évoquait rien pour moi. En général, après les cours, je me dépêche de rentrer. Ma fille et mon mari m'attendent pour dîner.

Elle me regardait, elle attendait je ne sais quoi. Il ne restait plus grand-chose du souvenir qui aurait pu nous relier, Gill et moi. La chapelle était aussi mal éclairée que mal chauffée.

Elle me fixait des yeux, j'en étais gênée. Je la prenais pour une élève inscrite en cours d'année par dérogation.

Elle s'est présentée.

« Vous habitez Montfort ?

– Versailles.

– C'est au diable bouilli... il y a plusieurs conservatoires à Versailles, et vous atterrissez chez nous ?

– Je les ai tous faits. J'avais envie de changer.

– Vous vous destinez à la musique ?

– Simple loisir, on est musiciens dans ma famille, mon père est un improvisateur de génie. Pour ma part je suis surdouée en physique, le bac à quinze ans, mention très bien. J'aime aussi beaucoup Nietzsche et Kierkegaard... vous connaissez la Réfutation du Paradoxe d'Achille, par Russell ? ... très rigolo. Je l'ai dans mon sac, je vous le prêterai... Ma spécialité c'est la physique stellaire, un créneau étroit pour un champ d'action sans limites. L'an prochain, je trahis mon alma mater franco-parisienne, j'intègre une université américaine à Dallas... Vous, c'est les "noires ovales" ou les "blanches", moi les "naines furtives", les "géantes rouges", le "rouge décanté"... »

J'écoutais ça distraitement, étonnée par ce babil prétentieux. Je voulais rassembler mes affaires, m'en aller, mais il y avait cette main toujours posée sur mes partitions. Les mains, j'y suis attentive aussi. Elle avait exactement les mains qu'une musicienne peut rêver d'avoir, déjà la couleur, blanc crémeux, ivoire, très seyant sur un clavier. Et puis jolis, ces doigts dont on ne saurait dire pourquoi ils sont aussi agréables à l'œil. Une main douce, soignée. Je pensais à ma propre main que mon mari convoitait sur le bras du fauteuil, au cinéma. C'est longtemps après que cette idée vous vient à l'esprit... Prendre la main, caresser la main d'autrui... On en dit autant par le toucher que les mots disent par la voix.

« Cherchez pas, le “rouge décanté” sert à mesurer les intervalles entre les corps célestes. Si vous me laissez votre e-mail je vous enverrai un mémoire que j'ai rédigé là-dessus.

– Mon mari est un peu chimiste, il travaille dans les encres, un typographe.

– Beurk, ils ont toujours les mains tachées. J'aime bien le son de votre voix. »

On a eu ce genre de conversation décousue. Je commençais à m'impatienter. Je n'avais pas retenu son prénom.

Me voyant décidée à partir, elle s'est rappelée qu'elle avait du courrier pour moi, depuis un an. J'ai vu mon nom sur une feuille de papier pliée en deux, un mot non daté, bourré de fautes d'orthographe, auquel je n'ai d'abord rien compris. Une femme de ménage me disait qu'elle était madame Elvira, qu'elle passerait dans la soirée, que je devais laisser les choses comme elles étaient, même les draps et la vaisselle, et surtout ne pas oublier de rendre les clés au bar.

« C'était sous le paillasson. Si j'avais pas soulevé le paillasson, je ne serais pas là ce soir. Les hasards d'un paillasson... »

Elle me regardait comme si maintenant tout était clair pour moi et que nous pouvions passer au tutoiement.

« C'est du brouillard pour vous, je comprends... Comme à la plage quand je me suis baignée l'an dernier et que vous m'avez sauvé la vie.
– C'était vous ?
– Heureusement que mon beau-frère matait aux jumelles. »

Cette fois je savais qui j'avais en face de moi. On se regardait. Il n'y a pas deux façons d'échanger un regard quand le courant passe avec un inconnu. On est à la fois gêné, prisonnier, confiant. Gill m'a jeté ses bras autour du cou.

« Mon grand-père est mort il y a une semaine, il fallait que je vous voie, ne m'en veuillez pas... »

7.

Septième jour.

Gill avait trouvé mon adresse sur Internet, et mon nom grâce à Xavier, son beau-frère. Il m'avait vu ramasser les vêtements abandonnés sur le sable. Il m'avait prise pour un homme avec le gros anorak rouge de Damien. Il avait questionné Gill. C'était qui ce type avec qui tu étais ? ... Le lendemain il lui avait dit en passant devant le casino : ne fais pas comme si tu ne savais pas qu'il habite là, ton copain, je l'ai vu sortir d'ici tout à l'heure... En fait, il me confondait avec mon mari.

Seule, Gill était montée à l'appartement pour se présenter, s'excuser, me dire merci. C'était la fin du week-end, on avait dû partir quelques minutes avant son passage. Un peu plus, elle faisait la connaissance de mon mari, peut-être avant la mienne. Elle nous aurait trouvés nous disputant méchamment, comme chaque fois qu'il nous fallait quitter un lieu. Mon mari détestait les départs, moi je détestais mon mari quand il s'énervait au milieu des sacs, des valises. Elle avait sonné, attendu un moment, et machinalement, comme aurait fait un gosse, elle avait soulevé le paillasson et découvert le mot de madame Elvira signalant ses heures de services.

En ressortant elle avait croisé sur le trottoir son beau-frère qui l'avait suivie. Il avait prétendu se trouver là par hasard. Bien sûr il s'imaginait qu'elle arrivait des bras d'un amant, le mystérieux type de la veille. Il voulait qu'elle lui raconte un peu ça. Il lui disait qu'il était son confident. C'est important pour une jeune femme un confident de sexe mâle, et surtout pas son père, surtout pas. Il estimait devoir remplir ce rôle auprès d'elle. Son confident, son vieil ami philosophe. Elle s'éviterait bien des embûches en amour, et bien des mauvais coups, en le prenant pour conseiller. Les deux sexes n'avaient pas de secrets pour lui. Hommes, femmes, il connaissait leurs faiblesses, leurs trucs de séduction. Quelle fille extraordinaire elle était. Il l'aimait beaucoup, beaucoup, il tenait à la protéger.

Son propre père non, trop fragile affectivement. Il lui répétait ça. Certains hommes utilisent les femmes comme des mamans. Des mamans qu'ils peuvent enfiler à leur guise. Ils les enfilent, au début, pour les marquer, les attirer dans leur vie. Ils ont moins besoin de protéger que d'inspirer des sentiments protecteurs, ce qui réduit la femme au rôle de nounou. Elle désembellit rapidement, grossit, disparaît dans une silhouette vague, se laisse oublier. La féminité des femmes en souffre, à la longue, certains hommes ont des œillères, ils redoutent la complexité d'un tempérament dont leur égoïsme ou leur orgueil ne se relèverait pas.

« Tu es une de ces créatures-là, Gill, je dois veiller sur toi. »

Il lui parlait comme ça.

Certains hommes, très portés sur le corps des femmes au demeurant, sont d'une sensibilité à dominante féminine, extrêmement mal défendus contre les sentiments d'autrui.

Son père non. Trop féminin.

Pour un enfant, une fille, qui plus est, ne mêle pas son père à sa vie intime, à des histoires où la sexualité entre en jeu.

Gill avait connu Xavier au remariage de Nadège, sa tante préférée, le mois précédent. Il n'était pas son beau-frère, il était plutôt son bel-oncle, ces liens de parenté l'enquiquinaient. Elle disait beau-frère pour simplifier.

Il lui avait fait lire Proust. Il sonnait chez elle et lui lisait les passages de Proust sur lesquels elle s'était endormie. Il lui avait offert un *journal intime*, un cahier à couverture de soie noir argenté, pour qu'elle écrive dedans ce qu'elle voulait. Bonne élève Gill tenait un journal. Elle s'était aperçue qu'il ouvrait son journal en douce. Il s'était rendu indispensable en passant régulièrement à la maison, qu'elle fût là ou non. Il bavardait avec sa mère ou avec la femme de ménage qui le trouvait très sympathique. Ils habitaient le village voisin, Nadège et lui. Il disait à Gill de passer quand elle voulait, que sa tante et lui-même seraient toujours heureux de la recevoir. Il rentrait tôt du boulot. La tante avait son cabinet d'orthophonie à Paris, elle rentrait tard.

Quand Gill débarquait chez eux c'était lui qui l'accueillait. Il l'emmenait monter à cheval dans la forêt de Rambouillet. Il lui disait qu'elle était très douée, qu'elle avait des parents extraordinaires et qu'elle ne connaissait pas sa chance... il l'interrogeait sur ses goûts, ses amis, ses petits amis, sa façon de considérer les choses de l'amour, à son âge, il voulait absolument deviner qui était cet homme qu'elle avait fait semblant de croiser par hasard, sur la plage du Pouliguen. Allons, c'était un rendez-vous décidé à l'avance, un caprice d'amoureuse qu'il trouvait follement amusant. Ça devait être un sacré coup, celui-là, pour qu'elle ait souhaité l'emmener avec elle, presque dans sa poche... l'homme à l'anorak rouge... c'est ainsi qu'il m'appelait. Anorak rouge ou pas, beau gosse ou non, un homme se laisse ensorceler par une fille comme toi.

Gill pensait plus souvent à moi qu'elle ne l'aurait sans doute fait, s'il n'y avait eu ce beau-frère pour lui rappeler mon existence, réveiller ce moment où le brouillard atlantique nous avait à la fois dérobées au regard et enveloppées l'une contre l'autre. Il ne s'était jamais intéressé au mot de madame Elvira qu'elle conservait dans les pages du journal. Difficile pour lui sans se trahir...

Gill répondait la vérité : il n'y avait pas d'homme avec moi sur la plage... évidemment, elle laissait planer un mystère, et le beau-frère trouvait ça *follement* amusant. Il persistait à jouer aux devinettes : est-ce qu'il le connaissait ? Est-ce qu'il était plus jeune que lui ? Est-ce qu'il était beau ? Est-ce qu'il était intelligent ? Est-ce qu'il avait un métier ? Est-ce qu'elle voulait faire sa vie avec lui ? Est-ce qu'il était marié ? Est-ce que c'était juste un gigolo ? Est-ce qu'il était aussi amoureux d'elle qu'elle était amoureuse de lui ? Est-ce qu'il lui avait promis la lune, comme tous les hommes, on dirait qu'ils n'ont que ça à faire, décrocher la lune pour les femmes qu'ils séduisent au lit ? Est-ce qu'elle pouvait lui révéler au moins son prénom, son prénom serait une marque exceptionnelle de confiance entre elle et lui ? Est-ce qu'il était sportif ? Est-ce qu'un jour elle lui glisserait à l'oreille où ils s'étaient connus ? Qui il était ? Est-ce qu'elle avait honte de lui, de le montrer ? Est-ce qu'elle appréhendait la réaction du milieu familial ?

Tout ça en chevauchant à travers bois.

L'anorak rouge.

Le beau gosse à l'anorak rouge.

Gill se disait qu'une certaine personne aurait trouvé ça *follement amusant* d'être l'objet d'une telle conversation : moi... elle se demandait si j'habitais du côté du Pouliguen. Si j'étais mariée. Si j'étais sportive. Si j'avais un métier. Des enfants. Un homme dans ma vie. Elle se demandait qui j'étais. Elle aurait trouvé *follement amusant*, elle aussi, de me raconter les proportions démesurées qu'un bouchon de brume avait prises aujourd'hui dans sa vie. Dommage que le même hasard ne se répète jamais.

Madame Marie-Thérèse Rabier.

Quand son grand-père était mort, Xavier l'avait tenue dans ses bras. D'abord elle s'était laissée faire, bouleversée par le deuil. Aux obsèques il lui avait dit des mots très doux, sur la disparition des êtres chers, en la berçant dans ses bras. Il lui tenait la main à l'arrière de la fourgonnette mortuaire, entre l'église et le cimetière du Montparnasse. Ses parents étaient à côté du chauffeur. Sa tante Nadège suivait en voiture. Toute la journée, depuis l'arrivée à la messe jusqu'à la sortie de l'auberge où ils avaient déjeuné, Xavier avait consolé Gill, la câlinant, la serrant contre lui, *la remerciant de la confiance qu'elle voulait bien lui témoigner.*

Ses lèvres effleuraient les siennes, elle ne sentait rien.

Le soir, en la rendant à ses parents, il lui avait demandé si l'anorak rouge était au courant, si elle avait pensé à le prévenir. Il pouvait s'en charger discrètement. Il l'*autorisait* à parler, à *lever un coin du voile,* à lui confier son nom, ses coordonnées téléphoniques. Le mystère n'avait aucun sens un jour pareil. Le mystère c'était la mort, en un jour pareil. La mort de son grand-père qu'elle avait eu la chance de connaître et d'aimer. Un homme extraordinaire comme ses parents, comme elle.

Gill n'aimait pas ses petits baisers voleurs ni ses mains, ni cette consolation corps à corps qu'il lui administrait depuis qu'elle avait embrassé son grand-père au front, le matin, à la clinique. Elle pensait à lui. Elle avait horriblement peur de la vie, soudain.

« Alors, qui est ce garçon ?

– C'est une femme.

– Tu es amoureuse d'une femme ?
– Oui.
– C'était une femme, au Pouliguen ?
– Oui, plus jeune que toi. »

Elle savait qu'elle me reverrait. Elle croyait à tous les miracles possibles et imaginables. Un jour elle reverrait aussi son grand-père. J'aurais dû trouver ça invraisemblable qu'elle osât débarquer dans mon bled avec des souvenirs. Elle se rappelait comme elle était bien au chaud dans mes bras, comme le brouillard nous enroulait. Si l'on comparait avec les bras du beauf le jour des obsèques, c'était les miens qu'elle préférait, de loin.

Elle avait fait le tour des Rabier sur Internet. Ils étaient une flopée. Après la mort de son grand-père elle avait téléphoné à droite, à gauche, demandant Marie-Thérèse.

Chez moi, elle était tombée sur mon mari qui l'avait guidée vers le syndicat d'initiative, qui l'avait aiguillée vers le conservatoire, où j'enseignais.

Je commençais à trouver la situation rigolote, excitante. Qui m'avait jamais cherchée comme elle m'avait cherchée ? Qui m'avait jamais trouvée ?

D'autres l'auraient envoyée sur les roses, j'imagine. Elle était si naturelle que je l'étais aussi. A présent, je revoyais cette rencontre et Gill n'aurait pas compris que j'aie pu l'oublier. Qu'est-ce que vous voulez ? Quand on est destiné à se rencontrer.

Un fil de télépathie nous reliait à travers les distances et les heures. Elle avait attendu d'avoir un bon motif pour suivre le fil jusqu'à moi.

Je l'avais prévenue que je ne pourrais pas la raccompagner jusqu'à Versailles, mais à la gare, oui. Des trains il y en avait tout le temps. Devant la gare, je n'ai pas pu la quitter. J'ai appelé chez moi puis j'ai roulé. J'éprouvais une sensation de liberté magique pour seulement une douzaine de petits kilomètres hors de mon habituel rayon d'escapade. Tout en écoutant Gill, j'écoutais mes pensées à moi, mon existence, ma fille, mon mari. Notre appartement, au premier étage d'une résidence HLM. Chaque soir, j'arrivais quelques minutes après vingt heures. Dès que je touchais le bouton de la porte, j'étais déprimée. Je regrettais l'époque où j'habitais avec maman une vraie maison qui semblait dans l'attente de mon père et de chacun de nous, avec l'odeur interminable des tilleuls jusqu'à la gare de Saint-Léger. Une dizaine de petits kilomètres, une poignée de minutes au-delà de mes horaires quotidiens et je sentais une ivresse inconnue. J'ai ramené Gill jusque chez elle, c'est-à-dire chez ses parents. Le moteur s'est tu, on s'est retrouvées à sec de conversation. Je m'étais garée en double file et je me demandais pourquoi j'avais coupé le contact. Devant nous il y a eu des appels de phares, puis une voiture s'est éloignée à reculons, lentement, phares allumés jusqu'au coin de la rue.

« De mieux en mieux, a dit Gill, il m'attendait. »

8.

Huitième jour.

Je la connaissais toujours aussi peu, mais le temps s'est accéléré.

J'avais dans mon sac *La Réfutation du paradoxe d'Achille*, je n'y comprenais rien. J'en lisais des bribes à temps perdu. Une histoire de tortue qui franchit un centimètre et demi quand Achille en franchit mille. Et pourtant, la tortue va gagner contre lui.

Et puis, dans le cadre d'échanges culturels, l'école de musique est allée passer une semaine à Lisbonne, en décembre, invitée par la Fondation Calouste Gulbenkian, au festival de piano. Je n'imaginais pas que Gill serait des nôtres. C'était organisé depuis des mois. Je n'ai remarqué son nom que le jour du départ, à l'aéroport, sur la liste des passagers. Elle s'était inscrite sans m'en parler. Quand m'aurait-elle prévenue, d'ailleurs ? On s'était vues pour la dernière fois le soir où je l'avais raccompagnée à Versailles. En la quittant, j'étais encore une brave mère de famille, impatiente de rentrer chez elle, de retrouver son foyer, furieuse de s'être laissée avoir par les histoires de cette fille, aussi marrante fût-elle. Une brave mère de famille, une bonne épouse – pour la dernière fois.

Encore aujourd'hui je me demande ce qui se tramait dans ma tête et quelle femme je pouvais bien être avant ce voyage à Lisbonne. Je me revoie arrivant à la maison, m'excusant, déplorant ces horaires de branque, expliquant à Damien que j'avais dû ramener une élève à Versailles, et sur Gill, pas un mot, rien. Soit elle m'était vraiment sortie de l'esprit, soit mon inconscient commençait à mal tourner.

Le lendemain de l'arrivée à Lisbonne, il y avait une fête au bord du Tage, sous la tour de Belém, en l'honneur des hôtes français. Nous étions reçus par le capitaine du *Jolie Brise*, un grand voilier vainqueur du Fastnet en 1914. On a beaucoup bu, chanté. A deux heures du matin, tout le monde a rejoint la navette de l'hôtel. Sauf nous, Gill et moi. Les Portugais souhaitaient qu'on reste, on est restées. On a dormi sur le bateau, dans une jolie cabine en bois verni. J'ai envoyé un texto à Lisa : MAMAN DORT SUR UN BATEAU.

Rien passé, non.

La veille du retour à Paris, Gill a loué un coupé sport, pour aller voir le Cap Espichel, au Sud.

On a séché le concert de clôture à la Fondation. Il faisait nuit noire à notre arrivée, avec toutes les étoiles allumées sur la mer, et l'horizon comme un fil d'encre en Chine. Ça paraît bête à dire, mais c'était féérique. Gill ne pensait qu'à piquer un plongeon du haut des trois cents mètres de falaise, et moi je l'attendrais ici.

On a mangé de grandes pizzas froides en regardant la mer et la nuit.

Ce soir-là on s'est dit qu'on s'aimait. On s'est aimées. De retour à l'hôtel, on s'est baignées dans la piscine chauffée, il faisait moins trois sous les étoiles.

On a failli rater l'avion.

9.

Neuvième jour.

Excusez-moi, je tremble. C'est quand vous me regardez les mains. Elles tremblent aussi quand c'est moi qui les regarde. On peut juste espérer qu'un jour mon cerveau se lassera de fabriquer cette peur qui me descend au bout des doigts. Mais si c'est pour oublier Gill, oublier la douceur de sa main dans la mienne, je préfère trembler. Sa main se faisait oiseau sous ma paume. Et posée sur votre avant-bras, ou sur le piano, c'était comme un gant abandonné, un gant vivant.

La première fois qu'on a vu la juge d'instruction...

Pardon, je reprends.

La première fois que *j'ai vu* la juge d'instruction, c'était pour la reconstitution à l'appartement. C'est terrible une reconstitution.

Ça bloque, excusez-moi.

La première fois que j'ai vu la juge d'instruction, elle est passée devant moi comme si... Comme si j'étais un flic de louage, amenée là pour faire vrai. C'était un homme qui jouait le rôle de... Enfin, qui avait la place de Gill... un type aux yeux marron comme les avait Gill.

Si Gill m'entendait... elle avait les yeux marron, mais voulait qu'on dise : marron clair et surtout marron vert, ou vert marron, tirant sur le vert. Jaunes tirant sur le vert, elle était contente. Elle avait les yeux couleur de nuit, à l'orientale, avec un tout petit feu oublié dans cette nuit-là, le bleu, tout le monde l'apercevait mais personne ne savait y aller. Ses amoureux s'étaient tous perdus en chemin, ses parents eux-mêmes avaient renoncé à savoir qui elle était pour de vrai, là-bas, où l'on voyait bien que ça brûlait et qu'il y avait quelqu'un au coin du feu. Seul.

La fameuse théière, c'était la théière que Gill m'avait donnée quand je m'étais installée, volée chez Xavier. Elle volait des objets chez lui, chez sa tante et lui, des torchons, des spatules, des râpes à fromage, des cendriers, un dessous de plat représentant un perroquet, une saucière du paquebot *Ville d'Oran*. Elle disait qu'elle trouvait ça pour une bouchée de pain dans les vide-greniers. Elle me donnait de grands caleçons à lui, prétendument achetés aux puces. J'en faisais mes pyjamas.

C'est terrible, une reconstitution... redire les paroles, refaire les gestes, repenser les moments... et sans cesse la juge qui vous dit : n'oubliez rien, est-ce que vous êtes sûre que vous n'oubliez rien, est-ce que c'était prémédité ?

Elle dit aussi, elle vous prend pour une idiote : est-ce que c'était délibéré ?

Et aussi : est-ce que vous saviez qu'en rentrant chez vous vous alliez étrangler votre amie ?

Et aussi : elle pose la théière, fait volte-face, vous regarde, et c'est là que vous ...

Il n'y a plus personne au coin du feu.

... que vous posez vos mains sur elle, ses épaules, vous la secouez. Vous la secouez pourquoi ? ... qu'est-ce qu'elle dit, qu'est-ce qu'elle fait pour que vous la secouiez ? Concentrez-vous. Il y va de votre avenir. Elle vous regarde...

Personne, il fait nuit, il fait froid, le feu s'est éteint.

... Il s'est passé quelque chose... Pourquoi ce déclic de mise à mort, cet instant où vous remontez les mains autour de son cou ? A présent, regardez l'agent dans les yeux, s'il vous plaît. Pensez à Gill. Elle vous dit quoi ? Vous lui dites quoi ? Nous reprendrons autant de fois qu'il faut, il y va de votre avenir, et de la vérité. REGARDEZ L'AGENT DANS LES YEUX.

J'ai regardé l'agent... j'ai entendu la juge crier ou ricaner : hé là, doucement, n'allez pas jusqu'au bout !

C'est terrible une reconstitution... Personne ne se comprend. Personne ne sait ce que l'autre a dans le ciboulot. Mon émotion me rendait folle, dans ces lieux inchangés, conservés en l'état, moi, la théière, l'odeur de Gill, les bières Tuborg et maintenant revivre la scène, obligée par la loi de revivre la scène dans les yeux marron d'un flic...

Je ne sais plus ce que j'ai répondu à la juge, mais elle m'a balancé d'une voix mauvaise :

« Eh bien vous n'avez qu'à regarder vos mains, Madame, vous comprendrez ! »

Ça n'arrive pas tout le temps, qu'elles tremblent. C'est quand mon cerveau fabrique une certaine peur.

J'avais peur de la perdre, dès le début je savais qu'elle était perdue pour moi.

10.

Dixième jour.

En revenant du Portugal, j'étais une autre.

« Je te quitte.

– Quand ?

– Le temps de trouver un logement pour la petite et moi.

– Tu as quelqu'un ?

– Non. Et toi ? »

Ça a été mon premier soin arrivée chez moi. Briser mon mari. Qu'il n'en reste rien. Je voulais qu'il souffre, se croie fautif. J'étais amoureuse à hurler, c'était sa faute à lui.

J'avais découvert le plaisir physique, le mensonge, la vacherie. J'allais découvrir la haine, la mesquinerie, la rage, et ce que devient une maison dont la maîtresse veut partir au plus tôt. C'est après ce miel de lune au Portugal que j'ai pris Damien en exécration, lui reprochant de ne pas être en phase terminale d'un cancer, aux antipodes, je maltraitais ma mère au téléphone.

« Si tu ne m'avais pas adoptée quand tu étais déjà vieille, à moitié piquée, si tu ne m'avais pas menti. »

Elle occupait un petit appartement dans une maison de retraite à Belle-Isle-en-Terre. Je n'y allais jamais, je ne voulais pas voir ça. Quand elle regardait la télévision, sa bouche s'ouvrait et sa langue pendait sur son menton.

A Montfort, aucun ami n'aurait compris que je me sépare de Damien. Dans ce genre de bled, l'adultère fait jaser, alors une histoire entre femmes. Une femme mariée, amoureuse d'une de ses élèves... On m'aurait lynchée.

C'est tout un pan de ma vie dont j'ai du mal à parler. Les mots flottent sans lien, sans accord. Des notes résonnant au petit bonheur. Mon divorce avec Damien... Qu'est-ce que j'aurais bien pu lui reprocher ? De n'être pas mon père ? D'être gentil ? De m'avoir écoutée faire étalage de mes chagrins d'enfant ? De m'aimer ? De penser que moi aussi je l'aimais ? D'être un bon papa, un bon époux, dont la paye ne fait jamais un détour au bistrot ou chez les filles ? Est-ce que je savais, moi, pourquoi j'aimais Gill, et pourquoi j'aimais Damien sans l'aimer d'amour ? Le juge des affaires familiales m'a posé des questions auxquelles je n'ai pas voulu répondre, et si

Damien avait été vache j'aurais perdu jusqu'à mes droits maternels. Comme toujours il comprenait.

Non, il ne comprenait rien à cette séparation, mais il respectait ma liberté. J'étais une bonne mère. C'était ça l'important, il déniait *faire contre mauvaise fortune bon cœur.*

Je n'étais pas une si bonne mère que cela, à l'époque, folle amoureuse que j'étais, folle. J'oubliais d'aller chercher Lisa à quatre heures et demi. Je l'oubliais à l'étude, au basket, je pleurais tellement de honte en la récupérant qu'elle prenait peur, j'étais négligente, emportée, j'avais l'impression que penser à Gill la faisait aussitôt penser à moi.

« Maman est amoureuse, tu dois comprendre ça. Une fille qui ne comprend pas ça ne comprendra jamais rien. »

Elle avait neuf ans.

« De qui es-tu amoureuse, maman ? de monsieur Richaud ?

– De monsieur Richaud, oui. Du fils de monsieur Richaud. Tu ne l'as jamais vu. Motus et bouche cousue. »

M. Richaud était le voisin d'en face. Une folle perdue qui chantait des opérettes à longueur de journée.

« Tu vas quitter papa ?

– On verra. On va déménager. Je cherche une maison avec jardin. On aura une cheminée, une grande chambre pour toi.

– Il s'appelle comment ?

– Il s'appelle Gill.

– Gilles Richaud ? ... Papa, tu es amoureuse de lui ?

– On s'aime bien, oui.

– Il est d'accord, papa, pour déménager chez le fils de monsieur Richaud ?

– Je vais quitter ton père, Lisa, on ne vit pas avec deux personnes en même temps. A neuf ans, si tu ne comprends pas ca !

– Gilles, il est homo, lui aussi ? »

Lisa n'arrivait pas à dormir après ce genre d'explications lamentables, et moi non plus. C'était la pagaille à la maison. Les mouches volent bas, le désordre est roi, on retape vaguement les lits, on dort chacun pour soi dans un coin, pour la salle de bain c'est à qui s'enfermera le premier, pour la télé c'est une querelle de voyous... Et toujours mon Damien finissait par se retrousser les manches et s'attaquer aux piles de vaisselle, aux lessives, moi j'estimais que j'avais donné ma jeunesse à ce nigaud dont tous les gestes m'encombraient, dorénavant, dont la présence physique avait quelque chose de profondément injuste à mon égard, j'aurais jugé tout naturel qu'il fût mort, supprimé par cet amour qui me donnait la chance de vivre ma vie.

Un homme qui ne comprend pas ça ne comprendra jamais rien.

Un homme !

Je n'avais plus rien à fiche des hommes...

... Découvrir que j'aimais les femmes ? ... oui, non, je me suis évidemment posée la question. Découvrir que l'amour fait fi du penchant sexuel non manifesté jusque-là ... On se connaît si mal, on s'en tient à des comportements.

J'admets avoir découvert le plaisir physique avec une femme. C'est vrai, j'ai appris fort tard à aimer le corps sensuel de l'autre, et c'était le corps d'une femme.

Ç'aurait pu être un homme si j'avais aimé un homme comme j'aimais Gill. Si j'avais pris conscience au contact d'un homme que j'étais belle, troublante, si j'avais trouvé chez un homme cette beauté que n'importe qui aurait enviée, en voyant Gill.

Non, bien sûr que non, ce n'aurait jamais pu être un homme.

Elle était vierge. Elle avait vingt-quatre ans et elle était vierge, excusez-moi, c'est vrai. Elle me l'a révélé au cap Espichel, alors que nous avions la mer et toute la nuit sous les yeux. Elle n'aurait pas pu dire mieux qu'elle m'aimait, moi, une femme, et que c'était un grand amour entre nous.

J'allais avoir vingt-six ans, je me croyais vieille, aussi vieille que la femme qui m'avait élevée.

11.

Onzième jour.

Elle m'a fait voir les choses autrement, moi, la première. Je voulais être belle, renaître, et littéralement faire peau neuve. C'est déconcertant, pour une amoureuse, ce moment où elle entreprend de modifier son aspect. J'entrais seule dans les magasins. Autrefois, je traînais mon mari chez ma copine Alice dont la mère avait une boutique de prêt-à-porter sur Montfort. Ou bien j'allais seule à Paris. Je faisais chauffer la carte bleue. Je me donnais bonne conscience en rapportant des vêtements à Lisa.

Chez Dessange, j'ai fait couper mes cheveux, mes longs cheveux d'enfance. J'étais si inquiète du résultat que je suis allée m'acheter un nouveau maillot de bain, en plein hiver, un deux-pièces noir, en tissu brillant. Après ça, j'ai compris que mes prochaines emplettes me verraient au rayon des sous-vêtements. *On ne te reconnaît plus.* J'entendais ça, chez moi.

Non, je ne me trouvais pas jolie. Cet adjectif appliqué à moi ?... des mamans l'avaient peut-être dit autrefois à mon sujet, par gentillesse. Je détestais mon cou, trop long. Je détestais ma bouche, grosse, vilaine. Mes dents, je sais maintenant qu'elles sont bien rangées, d'une blancheur naturelle que le tabac n'a pas ternie. Je disais à maman qu'elle m'avait donné un râtelier de cheval, que je riais en hennissant. Quand j'énumérais ce qui clochait sur ma personne j'en pleurais : la bouche, le cou, les dents, les yeux à perpète au fond des lunettes. Et ce défaut de prononciation qui me tordait la lèvre supérieure ! Mon corps ne pouvait qu'être ridicule, je le traitais par le mépris, je le ridiculisais avec des sous-vêtements pour grenouille de bénitier. Est-ce que j'ai plu à mon mari ? Sans doute... il était réservé, il a passé des mois avant de m'embrasser. Il m'emmenait au cinéma Jeunesse et Famille. Sa main mettait presque tout le film avant d'arriver à la mienne, chaude et suante d'avoir attendu.

Je me suis métamorphosée quand j'ai rencontré Gill. Nous dormions ensemble et j'étais rassurée. C'était moi qui la protégeais contre la peur d'un physique ingrat. C'était moi qui avais le beau rôle, moi la belle, moi qui l'embellissais.

Je reviens sur l'époque où je courais les magasins à tort et à travers. Ce remue-ménage, ce bouleversement... Ça ne pouvait avoir qu'une seule origine. J'en avais conscience ? Non. L'esprit se défend comme il peut contre ces lucidités qui ne sont d'aucun profit sur le moment, nulles et non avenues dans le tunnel des habitudes. J'avais croisé une gamine éplorée dans la brume, pas de quoi fouetter un chat. Un mois plus tard, ça m'était sorti de l'esprit. J'étais méconnaissable, physiquement, *déguisée*, disait maman... cette modification ne faisait qu'amplifier un processus d'oubli apparent. Je trouvais lamentable, et même insultant pour mon mari, qu'à l'école de musique on jasât sur mon compte. Une coupe de cheveux, c'est suffisant pour qu'on vous imagine avec Pierre-Paul-Jacques. Vous mettez du parfum, vous avez un amant caché, c'est le tarif. Du rouge à lèvres, vous êtes une allumeuse. Alors moi, le professeur de solfège au double piercing à la même oreille, vous imaginez un peu l'ambiance à Landerneau ! On se demandait qui me payait ces diamants, simples éclats de verre taillés, posés par un Indien du passage Brady. On plaignait mon mari. On plaignait ma fille, on s'informait auprès d'elle de mes horaires et pratiques nocturnes. On plaignait jusqu'à mon amant, un inconnu qui finit par pointer le bout du nez. Un de mes élèves se vantait de coucher avec moi. Il m'attendait à la fin des cours sous prétexte de musique à découvrir, de déchiffrage, de chansonnette qu'il écrivait à mon intention, puis il allait raconter qu'il m'avait eue, et que nous faisions ça derrière les orgues. Un moment, j'ai pensé lui donner ce qu'il désirait. Je l'ai amené derrière les orgues, et si je m'étais trouvée plus jolie peut-être bien que je l'aurais embrassé. Il n'était guère attirant, une vilaine frange queue-de-bœuf devant les yeux, maigrichon, vingt-deux ou vingt-trois ans. Je me suis mise au clavier et j'ai joué le plus fort que j'ai pu. Quand je me suis arrêtée il était toujours là, sans expression. Je me suis remise à jouer du grégorien, il a fichu le camp. Un fils de banquier.

Difficile de répondre. J'aimais mon mari, oui. Comment se donner à quelqu'un sans amour, je veux dire moi ? Impossible.

Je ne l'ai pas aimé comme j'aimais Gill. Pour elle j'éprouve un sentiment si fort qu'il ne peut s'interrompre qu'avec la vie.

Le soir de notre mariage, à l'hôtel du Casino d'Enghien, j'ai entendu pour la première fois cette question de la part de l'homme que j'avais épousé : est-ce que tu m'aimes ?

J'ai dit oui.

La part la plus égoïste de moi dormait déjà. L'autre allait bientôt suivre. Oui.

Quand je l'ai quitté, Damien m'a reposé la question, avec une variante : est-ce que tu m'as jamais aimé.

J'ai répondu : non, jamais.

En amour, la vérité ! ... D'une fois sur l'autre... J'ai aimé mon mari, bien sûr que oui. Mais ce oui comparé au oui de mon amour physique pour Gill fait peine à voir.

La vraie réponse est évidemment : non, jamais.

12.

Douzième jour.

La période avant mon divorce, on pourrait la comparer au début des vacances. On respire autrement. On dort autrement. On est bien dans ses rêves et dans sa peau. On soulève des montagnes, on parle à tort et a travers, on est sûr de soi. Sans révéler à Damien que je le quittais pour une femme, je lui avais dit qu'il fallait se rendre à l'évidence. On divorçait parce que les hommes ne m'attiraient pas. Ni lui ni les autres. Il fallait en sourire. Penser d'abord à Lisa.

Et si les hommes ne m'attiraient pas, j'avais bien le droit de tenter ma chance d'amour auprès des femmes, à l'avenir, en espérant qu'il s'en trouverait une pour arrêter les yeux sur moi. Je serais à son goût, elle au mien. Pourquoi pas.

Il faut un certain courage pour mettre son mari dans la confidence.

Si vous l'aviez vu, mon Damien.

Ça l'a rendu fou d'angoisse, ma franchise. Il refusait d'y croire, de m'écouter. Je me trompais, ce n'était pas possible. On n'allait pas tout foutre en l'air chez nous à cause de ça, on allait voir un sexologue, arranger les choses avec une assistance médicale, ne plus en parler sans l'avis d'un expert, se donner du temps. Il me connaissait assez pour savoir que j'avais tort.

Il pleurait, s'accusait d'être nul en amour. C'était lui qui s'y prenait mal, j'étais la seule femme avec laquelle il ait couché, il y avait sûrement des choses qu'il devait découvrir pour me satisfaire, des films à voir ou des documents à consulter.

Sûrement !

Vous savez ce que j'ai fait ? J'ai joué le jeu. Comme je vous l'ai dit, j'aimais tendrement Damien. Un homme ? Mon mari. Lesbienne ou pas, j'avais porté son enfant, vécu dans sa vie, dans ses angoisses de boulot, de fric, de santé, comme il avait vécu dans les miennes. Sa souffrance me peinait. Je respectais sa conviction que je pouvais reprendre goût à l'amour *normal*. Je me suis forcée à retourner dans son lit. Bien sûr, il ne s'est rien passé. Mes aveux l'avaient détruit.

Avec Gill j'avais appris la douceur et, comment dire, que l'amour peut être long... et lent. La douceur et la lenteur. Tout va si vite avec les hommes... Si rondement mené.

J'avais eu des aventures, au cours du mariage... Des hommes. Pas pour tromper Damien ni par envie réelle, mais pour comprendre ce qui ne marchait pas entre nous, savoir qui j'étais, quelle femme j'étais. Pour le rendre heureux en amour.

Des hommes doux j'en ai rencontré. Rarement... Jamais la douceur et la lenteur des femmes, ni leur naturel. Ma nature est bien d'aimer les femmes.

On est allés voir un docteur, le frère de son patron, un grand médecin parisien. Damien a parlé, j'ai parlé.

« Votre femme est lesbienne, arrêtez les frais. Vous ne serez jamais heureux ensemble. Divorcez. »

Damien m'a embrassée gentiment sur le trottoir, en sortant. Il était soulagé d'un grand poids. Je ne dirais pas qu'il était content, mais il souriait, il plaisantait. Ma femme est une lesbienne. La mère de Lisa, une lesbienne. On est rentrés à la maison en se donnant la main. On a dormi ensemble cette nuit-là, il avait mis un pyjama qui datait de l'époque où il vivait seul. Nous n'avons plus fait chambre à part jusqu'à mon déménagement. J'ai expliqué à Lisa que papa et maman ne seraient plus mariés, mais les meilleurs amis du monde. Une amitié qui met au monde une aussi jolie fille, je lui ai dit, ça vaut vraiment la peine de la protéger, tu verras.

De temps en temps Gill appelait à la maison. Elle parlait avec mon mari. Il ne se doutait de rien. Pour un peu il lui aurait conté ses malheurs.

On a la même sensibilité, ma fille et moi. On aime bien que les mots n'en disent pas trop. On ne va pas au bout des phrases, on laisse les regards parler...

On était dans sa chambre, assises au milieu d'un capharnaüm de legos et poupées. Je n'ai jamais joué aux poupées, enfant. J'aimais la petite guerre avec les garçons, réparer des camions imaginaires, manœuvrer des engins violents, et fendre pour de vrai le bois sur le billot du jardin, à la hache, descendre au charbon remplir le seau. J'avais un petit père napalm, moi, une petite mère solide comme le roc, et vieille aussi, comme le roc, en remplacement de la mère et du père qui m'avaient abandonnée sur un banc du métro Javel. J'avais raconté mon histoire à Lisa des dizaines de fois.

Raconte, maman, quand tu rentres de l'école un soir et que tu dis à mamie qu'elle est une menteuse. Raconte-moi la menteuse.

Chaque fois mon cœur se serrait, je me demandais quel âge on peut bien avoir dans son cœur pour être touché par d'aussi vieux chagrins.

Toutes ses poupées, tous ses legos, tous ses livres jetés sur le sol, ses vêtements, ses cahiers, tout un vrac de rébellion depuis que la maison n'allait plus comme elle voulait.

Elle arrivait de l'école, ouvrait la porte de sa chambre et criait : bonjour poubelle ! Et ce *bonjour poubelle* était aussi pour moi, vous pensez bien. J'étais une menteuse aussi. J'abandonnais mon enfant, je cassais la maison. Elle m'appelait maman d'une voix défaite. Et qui sait, peut-être qu'un jour on ne voudrait plus jouer avec elle, à l'école, et que ses copines lui diraient : ta maman n'est pas ta maman...

Je l'ai aidée à ranger sa chambre, elle m'a aidée à ranger l'appartement. La vie familiale a retrouvé un semblant d'équilibre, et Damien est devenu mon meilleur ami. Il l'est toujours.

Refaire ma vie, oui, j'y pense... ce ne sera plus le grand amour comme avec Gill, mais j'aimerais bien essayer.

13.

Deux heures plus tard.

J'ai rapidement découvert que Gill était une anguille...

Elle apparaissait, elle était là, et quand elle était là, c'était pour toujours qu'elle y était, puis elle se volatilisait sans dire au revoir, on avait rêvé. Elle travaillait à mi-temps sur Paris, mais beaucoup chez elle aussi. Elle jouait au tennis avec ses parents deux fois par semaine, elle montait à cheval avec son beau-frère Xavier. Elle avait une bande de copains à la fac d'Orsay. Copains ou copines, elle disait copains. J'étais jalouse des deux.

Je n'en n'ai connu qu'un seul, un Hongrois barbu, moche, haut comme trois pommes et la plus grosse c'était la tête. Il avait dû l'embrasser pour être aussi possessif. Simple copain, disait Gill. Pour Gill, le copinage s'arrêtait au chevet du lit. Tant qu'elle ne couchait pas, on était dans les limites autorisées du copinage et du flirt.

Je voulais Gill toute à moi, ses mains comme ses yeux, tous ses regards, pas un millième de regard qui ne soit mien, pas un grain de sa peau.

Gill avait besoin qu'on ne sache pas où elle était, qu'on ne lui pose pas de questions sur son emploi du temps.

Elle avait la bougeotte, il me semblait que je regardais l'heure sans cesse, que je l'attendais sans cesse, et si je n'avais posé aucune question à son arrivée, ç'aurait été de l'indifférence de ma part ou de la ruse. Une question puis une autre : une question franche, une réponse fuyante, un doux malaise au cours de ces retrouvailles où je haïssais le rôle de harpie qu'elle m'obligeait à jouer.

Il y avait un nom qu'elle avait fini par déclarer tabou : Xavier.

C'est vrai, j'étais jalouse de son beau-frère, de ce bel-oncle, de ce binoclard marié ou plutôt remarié, toujours là, toujours dans nos pattes, toujours à mater aux jumelles, le diable, je vous ai dit. J'avais l'impression qu'il passait plus de temps avec Gill qu'avec sa femme, et que Gill ne détestait pas cette assiduité, je me laissais tenter par des soupçons, ils me brûlaient la langue.

« D'où tu viens ?
– Xavier m'a déposée.
– Où tu vas ?
– Au cheval avec Xavier.
– Quel besoin d'aller au cheval avec Xavier ?
– Si je n'y vais pas il trouvera ça bizarre. »

« Où tu vas ?
– A la planche à voile avec Xavier. Sur l'étang. »
« Au cinéma avec Xavier. »
« Au planétarium avec Xavier. »
« A l'Orangerie avec Xavier. »

« Tu passes beaucoup de temps avec lui...

– C'était déjà comme ça avant toi. Il me pose plein de questions sur toi. Je lui ai dit que tu étais une pure invention, un gag, mais il est sûr qu'il y a une femme dans ma vie.

– Il a droit aux questions, lui ?

– C'était déjà comme ça avant toi. Il me trouve bizarre... Devine ce qu'il m'a dit.

– Que tu étais avec ta prof de solfège.

– Que si vraiment je n'aimais pas les femmes, si vraiment j'aimais les hommes, je n'avais qu'à me donner à lui. Comme ça il me croirait... T'inquiète, c'était pour rigoler. »

Ce nom de Xavier n'était plus jamais prononcé, ni par elle ni par moi. Il m'obsédait. Je voyais Gill, je pensais : Xavier. Elle posait un doigt sur mes lèvres, chut...

Ça a été un mois de grande frustration après la semaine à Lisbonne. On n'avait nulle part où aller. On se cachait. On n'avait nulle part où se cacher. Même en voiture on n'était qu'à moitié tranquilles après les cours. On arrivait dans la forêt, on éteignait les phares et on s'embrassait. Elle avait toujours peur qu'*il* nous ait suivies. Elle rentrait à Versailles en train. Elle m'aimait et ne voulait pas tout gâcher à cause de lui. Elle mettrait sa famille au courant elle-même, le moment venu, quand elle aurait déménagé. C'est par elle que sa famille apprendrait notre liaison, et le plus vite serait le mieux.

Une fois par semaine, on déjeunait ensemble à Paris, dans un Japonais, près de l'Ecole militaire où elle travaillait pour l'armée.

Je ne l'avais pas quittée qu'elle me manquait déjà. C'était un manque physique, une souffrance, un mal de bide atroce. J'étais fière du désir de mes sens, mais j'avais mal. J'avais découvert ce trésor grâce à Gill, elle grâce à moi.

Oui, je l'aimais déjà plus qu'elle ne m'aimait, je crois. Elle m'aimait d'amour, d'amour fou, mais disons que le mien était encore plus fou. Le mien était fou d'une folie désespérée. Je pressentais que je ne pourrais pas la garder pour moi seule et toujours, pas plus que mon père n'était revenu du Siam pour m'annoncer lui-même qu'il était mort, depuis des années, et que j'étais une enfant abandonnée que sa veuve était allée quémander à la DDASS, craignant la longueur du temps sans lui.

Gill me consolait à sa manière un peu dingue, elle me citait les paroles de Schopenhauer à l'agonie : *Si parfois je me suis cru malheureux, c'est sous l'influence d'une erreur ou d'une confusion. Je me suis pris pour un autre. Qui je suis ? Je suis l'auteur du monde comme volonté et comme représentation.*

Voyez, cette phrase est collée sur ma porte, et je

la décollerai quand je sortirai d'ici. Elle est fausse, mais elle me plaît. Elle n'est vraie qu'après coup, lorsqu'on ne souffre plus.

Non seulement Gill lisait la nuit, mais les mots qu'elle avait lus s'imprimaient dans sa mémoire, et de sa mémoire ils descendaient dans sa voix *comme au fil de l'eau.*

Je la déposais aux abords de la gare, et là je m'effondrais. Les courses n'étaient pas faites, l'heure du pain, du lait était passée, l'heure, cette vacherie d'heure, j'en pleurais au volant. Je rentrais chez moi d'humeur massacrante, trop honteuse pour la ramener, trop à cran pour m'excuser, j'avais affaire à un mari qui me traitait d'*ingérable bonne femme*, depuis le séjour au Portugal... Il veillait au grain, généralement, rien ne manquait à la maison. Le repas fumait sur la table, on dînait.

Damien faisait peine à voir. Il guettait sur mon visage un signe d'arrangement, un *mieux*. Je me faisais l'effet d'un individu malade, irresponsable. Si je levais les yeux son regard était là, son regard disait : je suis là, je serai toujours là pour toi. Et moi j'aurais voulu n'avoir jamais croisé son regard de ma vie, jamais couché dans son lit. Je regrettais que ma fille ne fût pas comme sa mère, une enfant de la DDASS.

Pour ce qu'un homme apporte à l'éducation d'un enfant.

Pour ce qu'il est utile au bonheur d'une famille. Il gagne les sous, c'est bien. Ça suffit.

Un homme ne pense qu'à lui. Même sa générosité consiste à vous attendrir, il attend sa récompense. Il ne fait rien pour rien.

C'est pour coucher avec vous. On en revient toujours là, avec les hommes.

Si les hommes n'avaient pas autant envie de coucher avec vous, peut-être on aurait envie de coucher avec eux... je ne crois pas.

La nuit, je l'entendais soupirer dans son lit au bout de l'appartement. J'avais peur qu'il vienne me violer.

Quand j'avais trop peur, j'allais dormir avec Lisa.

Du plaisir ? La pénétration masculine ne donne aucun plaisir. La pénétration masculine m'a toujours fait l'effet d'un viol.

Damien, c'est tous les jours qu'il en avait besoin. Me posséder, m'avoir, me baiser. Ensuite il s'informait si j'étais contente. Je n'osais pas lui dire qu'il m'avait violée. Je répondais poliment : oui, je suis contente... je pensais : ... que ce soit fini.

Une nuit, il s'est approché de moi comme un loup.

« Je n'en peux plus Monty.

– Je ne te conseille pas de me toucher.

– Avant, tu étais contente.

– Quand c'était fini. Uniquement quand c'était fini.

– Et avec elle, tu es contente ?

– "Elle" qui ?

– L'autre, la gouine.

– Elle n'existe pas. Je n'ai personne, je veux vivre seule. »

Il a voulu me toucher et nous nous sommes battus. Ce brave Damien, ce brave homme. Quel tort avait-il ? Aucun. Je voulais qu'il les ait tous. J'étais moi-même étonnée d'aligner de si bons arguments pour le démolir. Il était convaincu, à la fin, désolé du mal qu'il m'avait causé, il comprenait que je veuille le quitter. Quelle patience j'avais montrée envers lui ! Il ne m'en désirait pas moins.

Non je n'ai jamais eu de pensées criminelles contre mon mari. Contre personne.

Nous n'avions qu'une peur, Gill et moi : que ça se sache. Je pense aujourd'hui qu'elle n'aurait jamais rien dit à ses parents. Sa mère passe encore, mais que son père voie sa petite fille chérie sous les traits d'une homosexuelle... Cet amour devait rester secret pour le moment. Dans son journal j'étais un garçon au prénom changeant. Histoire de balader Xavier.

Ses parents lui avaient acheté une chambre à Versailles, et moi je louais un appartement dans mes moyens à la sortie de Montfort, pas très loin de ma maison d'enfance.

Sur les six mois où nous nous sommes aimées, il y en a eu quatre où ça n'a pas filtré. J'avais dit à Lisa que sa discrétion protégeait maman. Il n'en fallait pas davantage pour qu'elle fût une tombe.

Aujourd'hui, ma fille prétend qu'elle a tout deviné la première fois qu'elle a vu Gill. C'est faux. Pour Lisa, au moins les premiers mois, Gill était ma copine, uniquement, une copine qui dormait à la maison, dans le lit de sa mère, faute de place.

Je souhaitais officialiser mes relations avec Gill, et que nous vivions ensemble. Je parlais d'adopter un enfant. Je lui disais qu'il n'y avait pas de raison que moi je connaisse les joies de la maternité, et pas elle. Cette histoire d'enfant m'angoissait. Il existait d'autres méthodes que l'adoption. Une femme aujourd'hui pouvait attendre un enfant sans avoir eu de rapports avec un homme.

Elle répondait qu'elle avait tout le temps pour la maternité.

Notre liaison s'officialiserait d'elle-même, en douceur, avec le temps. Ensuite elle parlerait à ses parents.

Il est vrai que ce mot d'*homosexualité* ne convenait pas du tout pour elle, et moi j'avais du mal à l'appliquer à ma personne. J'aimais Gill, c'est tout. Je n'aurais pas d'autres femmes, d'autres corps, dans ma vie. Pour moi le sexe et l'amour se confondaient quand je désirais Gill.

Mon expérience de la pénétration masculine l'intriguait, cette impression de viol. Pour sa part, elle pensait qu'elle aurait très bien pu coucher avec un homme à condition de l'aimer autant qu'elle m'aimait. Homme ou femme, le corps en proie au désir est toujours excitant : c'était son avis.

Elle était venue vers moi par attirance humaine, personnelle. Pour Gill, la sexualité valait la sexualité.

L'amour se fait avec une amoureuse ou un amant, tant qu'il se fait.

J'étais horrifiée à la pensée qu'elle pût me tromper avec un homme, me quitter pour un homme.

Si Gill m'avait trahie pour une femme, je l'aurais peut-être accepté.

Je ne voyais pas comment elle résisterait à la tentation des hommes à travers tous les âges de sa vie. Quand je la retrouvais, je disais souvent : alors, l'homme de ta vie ? Qu'est-ce que tu fais si tu le rencontres ?

La réponse ne traînait pas.

Je te quitte.

Elle m'a quittée.

14.

Treizième jour.

Il s'est passé un incident grave au cours de cette période intermédiaire, grave pour Gill et moi. Elle vivait encore chez ses parents, moi avec mon mari.

C'était l'automne. Il y avait dans la forêt un grand tapis de feuilles mortes, avec un étang. C'était là qu'on allait s'embrasser, le soir après les cours. Il fallait rouler un quart d'heure à travers bois. Le carrefour des Trois-Etangs. La lumière s'éteignait, on s'embrassait.

Un soir on était là-bas quand Gill a reçu un texto.

RETOURNE-TOI.

Elle s'est retournée. On a senti un petit choc derrière nous. Des phares se sont allumés, éteints, rallumés, et une voiture s'est éloignée à reculons sans qu'on puisse bien la voir.

Pour moi c'était Xavier, pour Gill un type qu'elle avait croisé dans une soirée et qui maintenant la poursuivait au téléphone.

Elle s'est énervée. Il fallait toujours que je ramène tout à Xavier. Il n'y avait pas que Xavier dans la vie ! Pas qu'un seul homme sur la terre. Je croyais quoi ! ... Qu'elle ne pouvait intéresser que le mari de sa tante préférée ? Ce vieux, ce binoclard tout maigre, aux jambes tordues par l'équitation.

En résumé, je pensais plus à Xavier qu'à elle. Est-ce que par hasard je ne serais pas un tout petit peu amoureuse de lui ?

Ça s'est arrangé. Elle m'a dit qu'elle voulait vivre avec moi, pas seulement qu'on soit tantôt chez l'une tantôt chez l'autre, une liaison à la sauvette, en se cachant comme des malfrats. Elle se donnait jusqu'à l'été pour avertir ses parents. Tu es contente ?

Bien sûr j'étais heureuse, comblée sur le moment.

La nuit je n'ai pas trouvé le sommeil. Je me rappelais cette boule de feu derrière nous. Les mêmes appels de phares qu'à Versailles, la première fois que j'avais ramené Gill. C'était bien les manières de Xavier. Pure invention, le type de la soirée, le harceleur téléphonique.

J'étais heureuse et malheureuse en même temps. Si Gill protégeait Xavier, pour quelle raison secrète ? Je n'en voyais qu'une. Je n'osais la voir.

Quand on aime on a la maladie du soupçon.

C'est imprévisible, un geste pareil, une pulsion. Quand elle s'empare de vous c'est trop tard, on ne se raisonne plus.

La raison revient avec ces mots : ta vie est foutue.

15.

Quatorzième jour.

J'ai enfin eu mon chez-moi, vers Saint-Léger. Notre chez-nous, quand elle était là.

Elle venait plus souvent à la maison que je n'allais chez elle. Xavier, ses parents, n'importe qui pouvait débarquer, nous voir ensemble, les deux homosexuelles.

Il n'y avait qu'un lit. Et puis c'était plus commode avec Lisa.

La petite s'attachait à Gill, mais on ne peut pas dire que celle-ci la charmait. Elle était gentille, froide, nullement disposée à la trouver sympathique ou jolie, à tisser une complicité quand Lisa lui montrait ce qu'elle avait appris à la danse ou lui parlait des garçons qui la courtisaient.

Gill préférait venir les jours où Lisa était chez son père.

« Tu es jalouse de lisa ?

– Elle est un peu casse-pied. Tu lui passes tout.

– Le jour ou tu auras un enfant tu changeras d'avis.

– Si j'ai un enfant, et d'ailleurs j'en aurai plus d'un, je m'arrangerai pour qu'il ne casse pas les pieds aux autres. Je l'éduquerai. Et quand il méritera une taloche il l'aura.

– Lisa vit une épreuve difficile, il est normal que je la bichonne, je suis sa mère.

– Tu la pourris, maman, ses résultats scolaires sont navrants, elle parle comme un chartier. Si vraiment cette gamine est en sucre, il faut retourner avec ton petit mari chéri.

– C'est bien ce que je disais, tu es jalouse de mon mari et d'une petite fille. Tu es une petite fille jalouse.

– Tu es bien jalouse de Xavier. »

On se disputait souvent, oui, mais on se réconciliait tellement bien sur l'oreiller. On était si joueuses.

Pour moi, il était inconcevable que Lisa pût représenter un obstacle entre Gill et moi. Je voulais bien transiger sur tout, sauf sur mes relations avec mon enfant, quand Gill exigeait que je l'envoie plus souvent chez son père, comme un colis encombrant, ou que je lui paie des vêtements meilleur marché, la couche tôt, lui interdise la télé du soir, les mots de son âge... Je refusais qu'elle se mêle de la façon dont j'élevais cette enfant – ma fille.

Gill m'aimait sincèrement vous savez, il n'y avait aucun présage dans l'air. Après coup on se dit : j'aurais dû ceci, j'aurais dû cela...

J'aurais dû quoi ?... Sacrifier l'une à l'autre ? L'enfant à l'amour ? Je n'aurais pu sacrifier Lisa à personne, il arrive ce qu'il arrive, pas le choix. Les événements sont ce qu'ils sont, doivent être, inutile de penser à les alléger d'un milligramme.

« Lisa dort à la maison, ce soir...

– Ton mari devait la garder.

– Son père est typographe, je te rappelle, il va passer la nuit à travailler.

– J'en ai rien à foutre et c'est une organisation de merde. Si Lisa dort ici je me casse.

– C'est mon enfant, pas une bête. Sa grand-mère perd la boule. Lisa dormira ici.

– Qu'elle aille crever dans la rue.

– En plus tu lui manquais.

– Ciao ! »

Elle m'a téléphoné le lendemain pour s'excuser, réparer les pots casés. Elle voulait venir, j'ai dit non. Une pulsion fatidique, ce non. Mon cœur, mon corps disaient oui mais j'ai dit : non, Gill. Il faut qu'on réfléchisse à nous, que tu réfléchisses à ce que tu veux vraiment. Lisa n'est pas une rivale, pas un obstacle entre nous. Je peux aimer ma fille et t'aimer toi, ça n'enlève rien à notre amour, au contraire... Donnons-nous du temps, faisons le point.

Elle est partie trois semaines aux Etats-Unis, un séminaire de physiciens vers Dallas. On se téléphonait dix fois par jour. C'est de là-bas qu'elle m'a annoncé qu'elle avait parlé à ses parents et qu'ils « le prenaient plutôt bien... »

« La pilule passe mieux à travers les fuseaux horaires et faisait un crochet par les réflecteurs des satellites. Tu es contente ? On va vivre ensemble. »

J'étais surtout la plus heureuse des femmes. On s'aimait par téléphone, par mail, on se manquait, on faisait l'amour dans tous nos messages.

A son retour, je suis allée attendre Gill à l'aéroport et je l'ai ramenée à la maison.

J'ignorais pourquoi elle avait des bières dans son sac, des Tuborg, on a bu de la bière à la cuisine. On n'était pas saoules, la police a retrouvé nos bouteilles aux trois quarts pleines.

On s'est juré qu'on ne se disputerait plus jamais. A cause d'une enfant, tu te rends compte, c'est notre seul point non commun. Ensuite on s'est embrassées : j'ai embrassé Gill qui paraissait timide et disait vouloir parler d'abord.

Ensuite il est arrivé ce qui devait arriver.

« Ce soir, je dors chez mes parents, ils ne m'ont pas vue depuis un bail, j'ai les jetons.

– Et demain ?
– Demain est un autre jour.
– Ici, tu t'installes quand ?
– Dis-donc toi, tu n'oublies rien... »

C'est Gill qui buvait de la bière, j'y pense. Moi j'avais surtout envie d'un câlin, de l'embrasser.

Elle a dit :

« Tu veux savoir la nouvelle ?
– Dis toujours.
– J'ai gagné mon pari.
– Quel pari ? »

Elle souriait, un sourire gêné, elle hésitait à parler. J'ai répété : quel pari, Gill ? dis-moi.

« Tu ne vas pas te fâcher ?
– Quelle idée. »

Je commençais à n'être plus si bien dans ma peau.

« Tu sais ce que j'ai fait dans l'avion, cette nuit ?
– Comment le saurais-je ?
– J'ai gagné mon pari.
– Et c'est quoi, ce pari ?
– Coucher... avec toi.
– Brasse coulée, ma vieille, explique.
– Voilà... Je ne suis pas, enfin je n'étais pas lesbienne avant, tu le sais.
– Et alors ?
– Alors, alors, alors... C'est toute une histoire. »

Il y a un an, un jour qu'elle jouait aux échecs avec son beau-frère au Pouliguen, il l'avait mise au défi de se baigner à poil et d'embrasser le premier homme qu'elle verrait sur la plage. Il surveillerait les choses à la jumelle... Et bien cet homme, c'était moi, elle m'avait prise au début pour un homme, et comme j'étais une femme, elle n'avait pas réussi à m'embrasser. Pari perdu.

« Et maintenant ?

– Pari gagné, je t'ai embrassée, voilà, n'en parlons plus. »

Je sentais bien qu'elle ne disait pas tout, j'étais mal à l'aise.

« Et qu'est-ce que tu as fait dans l'avion, cette nuit ?

– ... couché avec un homme. »

Le ciel s'abat sur moi.

« Cette nuit, dans l'avion.

– Tu ne me crois pas mais c'est vrai... c'est génial, non ?

– Tu as fait l'amour avec un homme ?

– ... seulement couché, ne mélange pas tout... Tu l'as bien fait, toi, des dizaines de fois avec ton petit mari chéri... On est loin d'être à égalité.

– Tu as fait l'amour avec un homme ?

– Affirmatif.

– Redis-moi ça, Gill, les yeux dans les yeux. »

Elle m'a regardée, ses grands yeux bizarres.

« J'ai fait l'amour avec un être humain de sexe mâle, plutôt bien monté, classifié sous le nom d'Homme, de Mec, doté d'un appendice caudal appelé zob... et d'une langue, aussi, fallait voir la langue qu'il avait. »

Elle pensait que je trouvais ça drôle, je ne vivais plus.

A ce moment là son téléphone a sonné, elle a répondu tout excitée. Elle ne prononçait aucun nom, exprès. Elle disait qu'elle rappellerait plus tard, elle avait le feu aux joues.

« Cet humain, ce mec, cette queue. C'était Xavier ?

– Qui veux-tu que ce soit ?... Tu comprends mon Monty. Je ne pouvais pas me lancer dans une vie commune avec toi sans savoir comment c'était, rien qu'une fois, la pénétration. »

Elle est partie d'un grand rire à casser les carreaux.

« C'était Xavier ?

– Ils sont venus passer le week-end à Dallas, Nadège et lui. Au retour, il s'est assis à côté de moi dans l'avion. J'étais au hublot. On avait la même couverture, et je te garantis que l'hôtesse nous avait à l'œil. Je suis un peu gênée vis-à-vis de ma tante mais il m'a promis qu'elle ne saurait rien, d'ailleurs, elle s'en fichait. Et d'ailleurs avec moi c'était différent.

– Tu as fait l'amour avec Xavier ?

– Cette fois on avait parié que si j'embrassais une femme, il couchait avec moi. Il a tenu son pari, c'est tout. »

Elle a reposé la bouteille. Elle a secoué la tête avec agacement, faisant de la main le signe que j'étais folle. Elle ne portait plus son alliance, une alliance qu'elle avait choisie le jour de mon divorce, une alliance que j'avais payée avec un emprunt, on portait la même.

« L'alliance ?

– Paumée dans les chiottes du Boeing, je crois.

– Là où tu as fait l'amour avec Xavier !

– Moi je l'appelle Yéyé.

– C'était bien ?

– C'était trop... c'était trop bien. Ce n'est pas moi qui suis lesbienne, Monty, tu m'as fait croire ça quelque temps. Maintenant que j'ai découvert l'appendice caudal... et bien je n'y crois plus. Oh là, je dois être un peu vachement amoureuse, moi, de mon Yéyé. Quand on se mariera tu seras témoin, tu fourniras les bagues. »

Ce sont les derniers mots que j'ai entendus avant d'appeler le commissariat.

J'ai posé les mains sur les épaules de Gill, après c'est l'amnésie, le grand silence.

J'avais peur de la perdre, que voulez-vous.

Ma mère, mon père, mon enfance, j'avais déjà tout perdu sous les pommiers des rois.

J'avais peur de perdre Gill, alors je l'ai perdue.

C'est un accident, l'amnésie, une aberration cérébrale, il a fallu que ça tombe sur moi. Gill n'était plus Gill, j'avais les mains autour de son cou, je les revois, je ne peux rien faire pour les desserrer, ma volonté s'est échappée. Vous comprenez pourquoi j'irai voir Dürer en sortant d'ici.

Oh, c'est bien simple, ils ont décroché, j'ai dit : je viens de tuer mon amie. Puis j'ai donné mon adresse avec le code et l'étage. Je buvais de la bière à leur arrivée. J'aurais préféré la piquette de maman, c'était moi qui ramassais les pommes.

Table

Aubin Imprimeur
LIGUGÉ, POITIERS

Achevé d'imprimer en septembre 2008
N° d'impression L 72440
Dépôt légal octobre 2008
Imprimé en France